材料入れてスイッチ

「ぽち！ごはん」

炊飯器ギャルの超絶品レシピ

炊飯器ギャル

宝島社

はじめに
炊飯器ギャルに
Q&A

Q 炊飯器ギャルって何者?

A ありとあらゆる料理を、デコ炊飯器で作っている女です。そして、それらの様子をSNSに投稿しています。巷では炊飯器ギャルを略して「すいぎゃる」と呼ばれたりしています。

- ⊙ @galgo_urmet
- ▶ @galgourmet3150
- ♪ @galgourmet0712
- ✕ @galgourmet0713

Q レシピにこだわりはありますか?

A 簡単、おいしい、洗い物少ない。これは絶対!

Q 必ずレシピの通りに作らないとダメですか?

A 全然そんなことないです。嫌いな食材があれば抜いていいし、調味料も自分の好みに合わせて足したり引いたりしてみてください。自分だけのお気に入りの味を探ってほしいな。

Q 投稿を始めたきっかけは?

A すきぴにふられて暇になって……。やることがなくなり、料理を始めました。でも、料理投稿を始めたら本当にいろんな人に見てもらえて、さらに本まで出せたからスゴイなって。もし落ち込んでいる人がいたら、何かに夢中になってみては。そのうち忘れて、すっかり元気になってるんで大丈夫です、きっと!!

Q なんで炊飯器料理なの?

A 家にある調理器具が炊飯器だけだったからです。最初は包丁すらなかったけど、動画撮影のために調理器具を少しずつ集めています。

Q この本のレシピをどんな人に作ってほしい?

A 自炊はハードル高いなって思っている人に作ってほしい。特に一人暮らしをスタートしたばかりの人とか、料理をこれから始めようかなっていう人に作ってみてほしいです。

Q この本で伝えたいことは?

A 家に帰ったら料理するより、ゆっくりYouTubeとかネトフリとか見たいなーって思いませんか? だからこの本を使ってみんなにラクしてほしいなって思ってます。あ! あと料理は長いネイルNGって誰が決めた? って思っていて。これもギャル代表として声を大にして言いたいことですね。

Q おすすめの食材はありますか？

A SNSの動画でもよく使っているのが、ヨーグルトとチョコレートです。あとは私のInstagramとかTikTokもチェックしてみて。この本で紹介してる以外のレシピもあるんで！　逆に、みんなのヨーグルト＆チョコレシピのアイディアも聞きたいです。

明治
ブルガリアヨーグルト
LB81プレーン
400g

明治ミルクチョコレート
50g

チョコと言ったらやっぱこれでしょ。ヨーグルトと同じくギャルのSNSでも大活躍中。この昔からずっと変わらない味、安心感あってたまらない。レシピでミルクチョコを使ってるものは、明治のホワイトチョコに変えて作ってもOKだよ。

ギャルのSNSを見てくれてる人にはおなじみのこちら。「明治♪」の効果音も含めて愛用中。トクホ（特定保健用食品）にも認定されてるから健康にも役立つし、サラッとしたテクスチャーと味も好み。どんな炊飯器料理に使っても失敗ないです！

Q 特におすすめのレシピはありますか？

P38
スコップコロッケ

P46
ガリバタしょうゆチャーハン

P60
コーンビーフバター飯

A この本の最初に、ベスト10のコーナーを作ったのでそこを見てください。どれも自信作です。そして、本当はベスト10に入れたかったけど残念ながらランクインを逃したのがこちら。
あと、炊飯器で炊く「いも類」のうまさは異常です。炊飯器って米を炊くよりいもを炊く方が得意なんじゃないかって思いますね。

CONTENTS

［この本の使い方］

・軽量の単位は、大さじ1＝15㎖、小さじ1＝5㎖、1カップ200㎖、1合＝180㎖で計測しています

・野菜は特に記述のない場合は、洗ったり皮をむいたり、切ったりタネを取り除いたりの下ごしらえをしてから調理してください

・バターは特に記載のない場合は有塩のものを使用しています

・本書では「3合炊き」の炊飯器で、2〜4人分の調理を想定しています

・炊飯器の機種やメーカーによっても加熱の具合が違ってくるので、様子を見ながら調整してください

・本書のレシピ中の「炊飯ボタンぽち」の記述は「ふつう炊きモード」を指します

・本書のレシピでは「●分たったら炊くのをやめて」と記載のある箇所がありますが、途中で炊飯取り消しボタンを押す、の意味です

・本書は著者であるギャルの好みで、全体的にやや濃い目の味付けに設定してあります

・炊飯器はとても包容力のある調理器具です。調味料の分量や、加える肉や魚や野菜の量は、大きく違わなければ必ずしもレシピ通りでなくてもOKです

・炊飯器は調理後、必ず分解して洗うことをおすすめします

炊飯器ギャル推薦 ♛

推し飯
BEST

本書で紹介している120品は、
どれもギャルのおすすめレシピですが、
中でも特に!!　自信を持ってお届けする
ベスト10の精鋭たちをご紹介します。（P008 〜 P019）
もちろん炊飯器一つで超絶簡単に作れるレシピのみ。
すぐに試してみてください、
まじおいしすぎて驚きなんで。

ペッパーランチ風ご飯

材料 🖤

米（無洗米）…… 2合
牛薄切り肉…… 160g
コーン缶 …… 大さじ2（水気を切る）
水 …… 370ml
焼肉のたれ …… 大さじ4
バター …… 20g

作り方 🖤

1 牛肉は食べやすい大きさに切る。

2 バター以外のすべての材料を炊
　飯器に入れて、炊飯ボタンぽち。

3 炊けたら全体を混ぜて器に盛り、
　バターをのせる。お好みで小口
　切りにした青ねぎと黒こしょう
　をかける。

炊飯器で炊くから味ムラなし！
肉のだしが米にしみ込む〜

BEST 1

魯肉飯
ルーローハン

材料 ♥

豚バラ肉 (ブロック) …… 250g

卵 …… 2個

A　オイスターソース …… 大さじ2

　　砂糖 …… 大さじ1

　　酒 …… 大さじ1

　　しょうゆ …… 大さじ1

　　にんにくチューブ …… 2cm

温かいご飯 …… 適量

作り方 ♥

1　豚肉は1cm幅の拍子木切りにする。卵はそれぞれアルミホイルで包む。

2　炊飯器に豚肉、Aを入れる。上に卵をのせ、アルミホイルで落としぶたをしたら、炊飯ボタンぽち。

3　炊けたら混ぜて、温かいご飯を盛った器にのせる。卵はアルミホイルと殻を取って半分に切り、添える。お好みでゆでたチンゲン菜を添え、山椒をかける。

こないだ台湾行って
本場のを食べたけど、
こっちのがおいしかった

肉じゃが

材料 🖤

牛こま切れ肉 …… 200g	しょうゆ …… 大さじ3
じゃがいも …… 中4個	砂糖 …… 大さじ1
にんじん …… 1本	みりん …… 大さじ1
玉ねぎ …… 1/2個	水 …… 200ml

作り方 🖤

1　じゃがいもは皮付きのまま半分に切る。にんじんは大きめの輪切りにして、玉ねぎは半分に切る。

2　炊飯器にすべての材料を入れて、炊飯ボタンぽち。

3　炊けたら、味がしみるまで保温する。

西日本は牛肉、
東日本は豚肉で作ることが
多いんだって！
あなたは牛派？　豚派？

さばのみそ煮

材料 🖤

さば（切り身）…… 2切れ
酒 …… 100ml
砂糖 …… 大さじ3
みそ …… 大さじ2
しょうゆ …… 大さじ1
和風だしの素 …… 小さじ1/2

作り方 🖤

1　炊飯器にすべての材料を入れて、
　炊飯ボタンぽち。

2　炊けたら器に盛り、お好みでせん
　切りにしたしょうがを添える。

すきぴに作ってあげたいランキング
（炊ギャル調べ）

1位　肉じゃが（手料理といえばでしょ？）
2位　ハンバーグ（ギャルが好きだから）
3位　さばのみそ煮
（和食作れたら100%惚れられる）

身ホロホロで
さば嫌いでも食べられる
さばのみそ煮

BEST
4

マクド風バーガー

材料 ♥

食パン（8枚切り）…… 2枚
牛ひき肉 …… 250g
玉ねぎ …… 適量
レタス …… 適量
きざみピクルス …… 大さじ2
スライスチーズ（とろけるタイプ）…… 3枚
白いりごま …… 適量
トマトケチャップ …… 適量
マスタード …… 適量

作り方 ♥

1 玉ねぎは薄切りにする。レタスは食べやすい大きさにちぎる。

2 炊飯器の底に白ごまを入れたら食パンを1枚敷く。その上に牛肉、玉ねぎ、レタス、ピクルス、ケチャップ、マスタード、スライスチーズの順に重ね、もう1枚の食パンで挟んだら、炊飯ボタンぽち。

3 炊けたら、もう一度炊飯ボタンぽち。取り出して器に盛る。

ギャルはこのおいしさにハマり、
テリヤキチキンバーガーと
ビッグマックも作りました

BEST
5

本当にマクドの
味がするよ

BEST 6

サイゼのディアボラ風チキン

フォロワーさん人気No.1。
でも、自分で作るより
サイゼ行ったほうが安上がり問題

材料 ♥

鶏もも肉 …… 1枚
冷凍のきざみ玉ねぎ …… 100g
Ａ｜ オリーブオイル …… 小さじ2
　　 酢 …… 小さじ1
　　 ドライパセリ …… 小さじ1/2
　　 塩 …… 小さじ1/2
　　 にんにくチューブ …… 2cm
　　 こしょう …… 適量
Ｂ｜ バター …… 10g
　　 しょうゆ …… 小さじ2
　　 中濃ソース …… 小さじ1

作り方 ♥

1 鶏肉は皮のない面に2〜3cm間隔で1cmの深さの切り込みを入れて、筋を切る。

2 炊飯器に皮目を下にした鶏肉、玉ねぎ、Ａの順番に入れて、炊飯ボタンぽち。

3 炊けたら取り出して器に盛る。

4 炊飯器にＢを入れて混ぜ、**3**にかける。お好みでポテトやコーンを添える。

ひき肉ですの生トマトパスタ

『Nスタ』で紹介されたメニューだよ！
だから味は保証つき！

材料 ♥

スパゲッティ
（ゆで時間9〜10分のもの）
…… 200g
牛ひき肉 …… 200g
トマト …… 2個
マッシュルーム水煮缶（スライス）
…… 1缶（水気を切る）
オリーブオイル …… 大さじ1
トマトケチャップ …… 大さじ1
コンソメスープの素 …… 小さじ2
にんにくチューブ …… 2cm
塩・こしょう …… 各少々
水 …… 300ml

作り方 ♥

1 スパゲッティは手で半分の長さに折る。

2 すべての材料を炊飯器に入れて、炊飯ボタンぽち。

3 20分たったら炊くのをやめて、ふたを開けて混ぜる。器に盛って、お好みできざんだパセリと粉チーズをかける。

7のつく某コンビニ風味しみ大根

材料 ♥

鶏もも肉 …… 1枚
大根 …… 1/2本
しょうゆ …… 大さじ3
みりん …… 大さじ3
酒 …… 大さじ2
砂糖 …… 大さじ1

7のつく某コンビニのギャル的ランキング

1位　みかん入りの牛乳寒天
2位　つぶつぶコーンマヨネーズパン
3位　バレンタインシーズンの生チョコ
4位　カップで作るスムージー
5位　味しみ鶏大根（←ココ）

作り方 ♥

1　鶏肉は食べやすい大きさに切る。 大根は 3cm厚さのいちょう切りにする。

2　炊飯器にすべての材料を入れて、 炊飯ボタンぽち。

3　炊けたら、 味がしみるまで1時間ほど保温し、 お好みで小口切りにした青ねぎをかける。

BEST 8

りんごのコンポート

材料 ♥

りんご …… 2個
白ワイン …… 100ml
砂糖 …… 大さじ2

レモン汁 …… 小さじ1
バター …… 20g
ヨーグルト …… 適量

作り方 ♥

1 りんごは皮付きのまま軸を取り、上部を直径3〜4cm
　ほどくり抜く。

2 炊飯器にりんご、白ワイン、砂糖、レモン汁を入れ、
　りんごのくり抜いた部分にバターを10gずつのせたら、
　炊飯ボタンぽち。

3 器に盛り、ヨーグルトを添える。お好みでミントの葉を
　添える。

冬になるとりんごが
たくさん届いて
余ってるって人いるでしょ？
このレシピ覚えといて！
おいしすぎて
クセになりすぎるから！

BEST
9

ヨーグルトやアイスと
一緒に食べると
天国行き！

炊飯器で叶える、
子どもの頃の夢

夢のプリン

炊飯器、
「ごはんを炊く機械」から
「夢を叶える機械」に
大変身。さすが令和！

材料 ♥

卵 …… 6個
砂糖 …… 90g
牛乳 …… 600ml
カラメルソース
　│ 砂糖 …… 大さじ4
　│ 水 …… 小さじ4
　│ 湯 …… 大さじ2

作り方 ♥

1 ボウルに卵、砂糖、牛乳を入れてよく混ぜ合わせる。

2 1を茶こしやざるでこしながら炊飯器に入れて、炊飯ボタンぽち。

3 耐熱容器に砂糖と水を入れ、ラップはかけずに電子レンジ（600W）で3分加熱する。焦げ色がついてきたら、湯を加えて混ぜ合わせ、カラメルソースを作る。（ヤケドに注意!）

4 2が炊けたら器に盛り、カラメルソースをかける。

絶対に作ってほしい
おすすめレシピ

ハンバーグボロネーゼ

RECIPE
11

材料 🖤

スパゲッティ（ゆで時間9〜10分のもの）…… 200g
レトルトのデミグラスソースハンバーグ …… 2個
水 …… 400ml
コンソメスープの素 …… 小さじ4
ごま油 …… 小さじ1

POINT

レトルトのハンバーグは某コ
ンビニで売っている「金の○
○」みたいな、ちょっといい
ものを使うと格段においしく
なります。

作り方 🖤

1　スパゲッティは手で半分の長さに折る。

2　炊飯器にすべての材料を入れて、炊飯ボタンぽち。

3　20分たったら炊くのをやめて、ふたを開けてハンバーグをくず
　しながら混ぜ、器に盛る。お好みできざんだパセリをかける。

RECIPE 12

トマト缶ボロネーゼ

材料 🖤

スパゲッティ（ゆで時間9〜10分のもの）…… 200g
牛ひき肉 …… 150g
カットトマト缶 …… 1缶
水 …… 300ml
コンソメスープの素 …… 小さじ2
オリーブオイル …… 小さじ1
ローリエ …… 1枚

作り方 🖤

1 スパゲッティは手で半分の長さに折る。

2 炊飯器にすべての材料を入れて、炊飯ボタンぽち。

3 20分たったら炊くのをやめて、ふたを開けてローリエを取り、混ぜる。器に盛って、お好みできざんだパセリをかける。

炊飯器料理を始めてから
トマト缶の偉大さに
気がつきました。
何か足りないなと思ったら
入れてください。完璧です

ローリエを入れることによって
香りがアップ
（がんばリーリエがほしい）

021

RECIPE
13

クリームシチューペンネ

材料（1人分）🖤

ペンネ（ゆで時間12分のもの）…… 100g
ベーコン（厚切り）…… 50g
マッシュルーム水煮缶（スライス）…… 50g（水気を切る）
シチュールウ …… 3かけ
牛乳 …… 300ml
水 …… 200ml
にんにくチューブ …… 2cm

作り方 🖤

1　ベーコンは1cm幅に切る。

2　炊飯器にすべての材料を入れて、炊飯ボタンぽち。

3　20分たったら炊くのをやめて、ふたを開けて混ぜる。器に盛って、お好みで黒こしょうと粉チーズをふる。

シチューのルウの
最大限の活用法。
微妙にルウが
余っちゃったときは
パスタにしちゃえ

もろサイゼの味です

RECIPE
14

サイゼ風明太子パスタ

ギャルの好きなサイゼ×ニューランキング

1位　辛味チキン（骨きれいに取れるとうれしい）

2位　青豆の温サラダ（エガちゃんのYouTubeでハマった）

3位　小エビのサラダ（あの上にのってる小エビのカクテルがうますぎ）
・・・
7位　たらこパスタ（←ココ）

材料 ♥

スパゲッティ（ゆで時間9～10分のもの）…… 200g

明太子 …… 1.5本

牛乳 …… 150ml

水 …… 200ml

めんつゆ（2倍濃縮）…… 大さじ1

バター …… 15g

オリーブオイル …… 大さじ1

塩 …… 少々

作り方 ♥

1　スパゲッティは手で半分の長さに折る。

2　明太子以外のすべての材料を炊飯器に入れて、炊飯ボタンぽち。

3　15分たったら一度ふたを開け、全体を混ぜる。

4　30分たったら炊くのをやめて、ふたを開けて皮を取り除いた明太子を1本分加えて混ぜる。器に盛って残りの明太子と、お好みできざみのりをのせる。

RECIPE 15

喫茶店風ナポリタン

材料 🖤

スパゲッティ（ゆで時間9～10分のもの）
…… 200g
ベーコン（厚切り）…… 50g
しめじ …… 1/2パック
ピーマン …… 1/2個
玉ねぎ …… 1/4個

トマトジュース（食塩不使用）…… 300ml
水 …… 150ml
オリーブオイル …… 大さじ1
コンソメスープの素 …… 小さじ2
にんにくチューブ …… 2cm
塩・こしょう …… 各少々

作り方 🖤

1 スパゲッティは手で半分の長さに折る。ベーコンは1cm幅に切る。しめじは石づきを取り、ほぐす。ピーマンは輪切り、玉ねぎは薄切りにする。

2 炊飯器にすべての材料を入れて、炊飯ボタンぽち。

3 20分たったら炊くのをやめて、ふたを開けて混ぜる。器に盛って、お好みできざんだパセリと粉チーズをかける。

> ナポリタンて急に食べたくなるんだよね～、おうちでこの味が出せるのよくね!?

RECIPE 16

丸ごとカマンベールトマトペンネ

材料 🖤

ペンネ（ゆで時間12分のもの）…… 150g
カットトマト缶 …… 1缶
カマンベールチーズ …… ホール1個（90g）
生マッシュルーム …… 3個
水 …… 200ml
コンソメスープの素 …… 小さじ2
塩 …… 小さじ1/4

作り方 🖤

1 マッシュルームは薄切りにする。

2 すべての材料を炊飯器に入れて、炊飯ボタンぽち。

3 20分たったら炊くのをやめて、ふたを開けて混ぜる。器に盛って、お好みできざんだパセリをかける。

> 宅飲みのときに、このトマトペンネをササッと作っておつまみに出すとまじでモテます。ほめられます
> （ギャルの友達のモテる人がよくやってる）

RECIPE 17

ほったらかしカルボナーラ

材料 🖤

スパゲッティ
（ゆで時間9～10分のもの）
…… 200g
ベーコン（厚切り）…… 100g
コンソメスープの素 …… 小さじ2
バター …… 5g

塩・こしょう …… 各適量
水 …… 250ml
A | 卵 …… 2個
　| 生クリーム …… 120ml
　| 粉チーズ …… 大さじ2

作り方 🖤

1 ベーコンは2cm幅に切る。ス
　パゲッティは手で半分の長さ
　に折る。

2 A以外のすべての材料を炊飯
　器に入れて、炊飯ボタンぽち。
　Aの卵は溶きほぐしておく。

3 20分たったら炊くのをやめて、
　ふたを開けてAを加えて混ぜ
　る。器に盛り、お好みで黒こ
　しょうをふる。

> カルボナーラが
> ほったらかしで
> できるってすごくね？

RECIPE 18

ペペロンチーノ

材料 🖤

スパゲッティ
（ゆで時間9～10分のもの）
…… 200g
キャベツ …… 150g
水 …… 300ml

オリーブオイル …… 大さじ2
にんにくチューブ …… 2cm
赤とうがらし（輪切り）
…… 少々
塩・こしょう …… 各少々

作り方 🖤

1 キャベツはざく切りにする。ス
　パゲッティは手で半分の長さ
　に折る。

2 炊飯器にすべての材料を入れ
　て、炊飯ボタンぽち。

3 15分たったら一度ふたを開
　け、全体を混ぜる。

4 20分たったら炊くのをやめて、
　ふたを開けて混ぜる。器に
　盛って、お好みできざんだパ
　セリをかける。

> ペペローンチーノって
> 家でおいしく作るの
> むずいんだよ。
> 春キャベツとか
> ふんだんに使って作ったら
> サイコー

RECIPE 19

担々麺

材料（1人分）

中華麺 …… 1袋
豚ひき肉 …… 100g
水 …… 300ml
ねりごま …… 大さじ2
みそ …… 大さじ1
ごま油 …… 大さじ1
鶏ガラスープの素 …… 小さじ1
砂糖 …… 小さじ1
しょうゆ …… 小さじ1

めんつゆ（2倍濃縮） …… 小さじ1
豆板醤（トウバンジャン） …… 小さじ1/2
にんにくチューブ …… 2cm
しょうがチューブ …… 2cm
白いりごま …… 適量

作り方

1 炊飯器に中華麺と白ごま以外のすべての材料を入れて、炊飯ボタンぽち。

2 15分たったら一度ふたを開け、中華麺を加える。

3 麺を加えて5分たったら炊くのをやめて、全体を混ぜる。器に盛り、白ごまをかける。

麺のびてると
思うじゃん？
麺も味もちょうどいいんだよ

RECIPE 20

カレーうどん

材料（1人分）

冷凍うどん …… 1玉
お好みのレトルトカレー …… 1食分（200g）
めんつゆ（2倍濃縮） …… 75ml
水 …… 75ml

作り方

1 炊飯器にすべての材料を入れて、炊飯ボタンぽち。

2 20分たったら炊くのをやめて器に盛り、お好みで小口切りにした青ねぎをのせる。

レトルト系が苦手な方も
いると思いますが、
たまにはよくね？
最近のレトルトってまじうまいんだよ、
進化してるんだよ？

安心してください。
実はうどんって、
炊飯器で炊いても
のびないんですよ

明太カルボナーラうどん

RECIPE 21

材料（1人分）♥

冷凍うどん …… 1玉

明太子 …… 1本

Ⓐ 牛乳 …… 250ml

　 バター …… 10g

　 粉チーズ …… 大さじ1

　 和風だしの素 …… 小さじ1/2

　 しょうゆ …… 小さじ1/2

　 にんにくチューブ …… 2cm

青じそ …… 適量

作り方 ♥

1 明太子は皮を取り除く。

2 炊飯器に冷凍うどん、明太子大さじ1、Ⓐを入れて炊飯ボタンぽち。

3 20分たったら炊くのをやめて、器に盛り、残りの明太子とせん切りにした青じそをのせる。お好みで卵黄をのせる。

トマト煮込みハンバーグ

調味料はトマト缶で
混ぜると洗い物が楽

材料 🖤

A | 合いびき肉 …… 500g
　| 冷凍のきざみ玉ねぎ …… 10g
　| マッシュルーム水煮缶（スライス）
　| …… 1缶（水気を切る）
　| 塩 …… 小さじ1/2
　| こしょう …… 少々
カットトマト缶 …… 1缶
B | 砂糖 …… 小さじ1
　| しょうゆ …… 小さじ1
　| みそ …… 小さじ1
　| にんにくチューブ …… 2cm
水 …… 50ml

作り方 🖤

1 炊飯器にAを入れてこね、炊飯器の中で一つに丸める。

2 1にトマト缶、混ぜ合わせたB、水を加えて炊飯ボタンぽち。

3 器に盛り、お好みできざんだパセリをかける。

RECIPE 23

しょうが焼き

材料 ♥

豚ロース肉（しょうが焼き用）…… 200g
薄力粉 …… 適量
玉ねぎ …… 1/4個
焼肉のたれ …… 大さじ2
しょうがチューブ …… 小さじ2

作り方 ♥

1 豚肉は薄力粉をまぶす。玉ねぎは薄切りにする。

2 炊飯器に豚肉、玉ねぎ、焼肉のたれ、しょうがチューブの順番に入れて、炊飯ボタンぽち。

3 30〜40分、肉に火が通るまで炊いたら器に盛り、お好みでせん切りにしたキャベツとマヨネーズを添える。

しょうが焼き
フライパンで作るなんて
時代遅れ

RECIPE 24

肉豆腐

材料 ♥

牛こま切れ肉 …… 150g
木綿豆腐 …… 1丁
長ねぎ …… 1本
水 …… 50ml
しょうゆ …… 大さじ3
砂糖 …… 大さじ2
みりん …… 大さじ2
酒 …… 大さじ1

作り方 ♥

1 長ねぎは4cm長さの斜め切りにする。

2 炊飯器にすべての材料を入れて、炊飯ボタンぽち。

見て、作り方がなんと2行。
今流行の「タイパ」が
炊飯器で叶います。
テレビ業界の方、
今すぐ「炊飯器タイパ特集」の
セッティングお願いします。
ペコリ

材料 ♥

牛バラ肉（薄切り）…… 150g

韓国春雨 …… 150g

にんじん …… 1/3本

ニラ …… 1/2束

長ねぎ …… 1/2本

水 …… 300ml

コチュジャン …… 大さじ1

しょうゆ …… 大さじ1

酒 …… 大さじ1

ごま油 …… 大さじ1

鶏ガラスープの素 …… 小さじ1/2

砂糖 …… 小さじ1/4

塩 …… 少々

にんにくチューブ …… 2cm

作り方 ♥

1 にんじんは4cm長さの短冊切り、 ニラは4cm長さに切る。 長ねぎは1cm幅の斜め切りにする。

2 炊飯器にすべての材料を入れて、 炊飯ボタンぽち。

3 10分たったら一度ふたを開けて、 春雨が水に浸るように混ぜ、 再び炊飯ボタンぽち。

4 10分たったら炊くのをやめて、 器に盛り、 お好みで白いりごまをかける。

RECIPE 25

チャプチェ

チャプチェって
韓国料理の中でも
罪悪感なくて
一生食べられる気がして
好きなんだよね。
でもどうやって作るんだろって
思ってたら
炊飯器に入れるだけでした。
ぽち

韓国料理と日本料理の
いいとこ取りの
ハイブリッド料理

RECIPE
26

和風チーズタッカルビ

材料 🖤

鶏もも肉 …… 1枚
にんじん …… 1/3本
じゃがいも …… 1個
玉ねぎ …… 1/4個
コチュジャン …… 大さじ1
酒 …… 大さじ1
ごま油 …… 大さじ1
砂糖 …… 小さじ1
しょうゆ …… 小さじ1
しょうがチューブ …… 2cm
一味とうがらし …… 少々
まぜのびチーズソースの素
…… 適量

作り方 🖤

1 鶏肉は一口大に切る。 にんじんは5mm厚さの輪切りにしてハート形にする。 じゃがいもは一口大に切る。 玉ねぎは1cm幅に切る。

2 炊飯器にまぜのびチーズソースの素以外のすべての材料を入れて、 炊飯ボタンぽち。

3 炊けたら器に盛り、 熱湯適量（分量外）を注いで混ぜたまぜのびチーズソースの素をかける。

POINT
まぜのびチーズソースの素がない場合は、炊けたあとにピザ用チーズをのせて、溶けるまで保温すればOK！

あなたはむね派？
もも派？♡

チキン南蛮

RECIPE
27

材料 ♥

鶏むね肉 …… 2枚
塩・こしょう …… 各少々
卵 …… 1個
薄力粉 …… 適量

Ⓐ 酢 …… 大さじ4
　 砂糖 …… 大さじ2
　 しょうゆ …… 大さじ2
タルタルソース（市販のもの）…… 適量

作り方 ♥

1　鶏むね肉は塩・こしょうをふり、溶きほぐした卵、薄力粉の順にまぶす。

2　炊飯器に 1 を皮目を下にして入れ、Ⓐを加え、炊飯ボタンぽち。

3　炊けたら食べやすい大きさに切って器に盛り、タルタルソースをかける。
　 お好みでちぎったレタスを添え、きざんだパセリをかける。

煮込みハンバーグ

材料 ♥

A
- 合いびき肉 …… 500g
- 冷凍のきざみ玉ねぎ …… 70g
- パン粉 …… 10g
- 牛乳 …… 小さじ2
- 卵 …… 1個
- こしょう …… 少々

B
- トマトケチャップ …… 大さじ2
- ウスターソース …… 大さじ2
- 赤ワイン …… 大さじ2
- 水 …… 大さじ2
- しょうゆ …… 小さじ1
- 砂糖 …… 小さじ1/2

バター …… 10g

作り方 ♥

1 炊飯器に **A** を入れてこね、炊飯器の中で一つに丸める。

2 **1** に混ぜ合わせた **B** とバターを加えて炊飯ボタンぽち。

3 器に盛り、お好みできざんだパセリと生クリームをかける。

POINT

こねたあとに、ハンバーグの種を手のひらでキャッチボールのように打ち付けて空気を抜くと、炊いたあとに種が割れずにおいしく仕上がります。

炊飯器で作るから、こんなにデカくても中まで火が通る

RECIPE 29

豪快ロールキャベツ

材料 🖤

キャベツ …… 4枚
A｜牛ひき肉 …… 200g
　｜トマト …… 1個
　｜コンソメスープの素 …… 小さじ2
　｜塩・こしょう …… 各少々
水 …… 300ml
ローリエ …… 1枚

作り方 🖤

1 炊飯器にキャベツ2枚を敷き、Aをのせたら、残りのキャベツ2枚ものせる。

2 1に水とローリエを加え、炊飯ボタンぽち。

3 炊けたらトマト以外を取り出して器に盛り、くずしたトマトをかける。お好みで黒こしょうをふる。

> ロールキャベツって、なんでカンピョウで巻いてるの？普通にキャベツで巻いておけばちゃんと完成したのでカンピョウなしでも大丈夫です

RECIPE 30

すき焼き

材料 🖤

牛薄切り肉 …… 300g
白菜 …… 2枚
しいたけ …… 2枚
長ねぎ …… 1/2本
しらたき …… 200g
木綿豆腐 …… 1/2丁
麩 …… 10個
すき焼きのたれ …… 200ml
水 …… 100ml

POINT
牛肉をあとから入れることで、硬くなるのを防ぎます！

作り方 🖤

1 白菜はざく切り、長ねぎは2cm幅の斜め切りにする。

2 炊飯器に牛肉以外のすべての材料を入れ、炊飯ボタンぽち。

3 炊飯時間が残り10分になったらふたを開けて牛肉を加え、残りの時間も炊く。炊けたら器に盛り、お好みで卵を添える。

> ギャルはすき焼きってだけでワクワクしちゃうんですが、みなさんにとってすき焼きはどんな存在でしょうか？ギャルの家ではお正月に必ず食べます。まあ、そんな難しいことは考えず炊飯ぽちして今日の夕食にいかが？

手羽先のやわやわ煮

材料 🖤

鶏手羽先 …… 8本
卵 …… 2個
水 …… 150ml
しょうゆ …… 大さじ3
砂糖 …… 大さじ2

みりん …… 大さじ2
酒 …… 大さじ2
酢 …… 大さじ1
にんにくチューブ …… 2cm

作り方 🖤

1 卵はそれぞれアルミホイルで包む。

2 炊飯器にすべての材料を入れてアルミホイルで落としぶたをしたら、炊飯ボタンぽち。

3 炊けたら卵のアルミホイルと殻を取って半分に切り、手羽先とともに器に盛る。

肉がやわやわだから
身から取れやすくて
食べやすいんだよね

筑前煮

材料 🖤

鶏もも肉 …… 1枚
にんじん …… 1/2本
れんこん …… 1節
たけのこ水煮 …… 1/2個
こんにゃく …… 1/2枚
しいたけ …… 4枚
水 …… 200ml
しょうゆ …… 大さじ3

みりん …… 大さじ2
砂糖 …… 大さじ1
酒 …… 大さじ1
和風だしの素 …… 小さじ1
ごま油 …… 少々

作り方 🖤

1 鶏肉は一口大に切る。にんじんは飾り切り（ねじり梅）にする。れんこんとたけのこは乱切りにして、こんにゃくは食べやすい大きさにスプーンで切る。しいたけは軸を取る。

2 炊飯器にすべての材料を入れて、アルミホイルで落としぶたをしたら、炊飯ボタンぽち。

めんどかったら
にんじんは
花にしなくてもいいよ。
ってか味は一緒だし

RECIPE 33

回鍋肉
（ホイコーロー）

材料 ♥

豚バラ肉（薄切り）······ 100g
キャベツ ······ 1/4個
ピーマン ······ 2個
甜麺醤（テンメンジャン）······ 大さじ2
砂糖 ······ 大さじ1/2
酒 ······ 大さじ1/2
豆板醤（トウバンジャン）······ 小さじ1
みそ ······ 小さじ1
しょうゆ ······ 小さじ1
にんにくチューブ ······ 2cm

作り方

1 豚肉は食べやすい大きさに切る。キャベツはざく切り、ピーマンは乱切りにする。

2 炊飯器にピーマン以外のすべての材料を入れて、炊飯ボタンぽち。

3 炊飯時間が残り5分になったらふたを開けてピーマンを加え、残りの時間も炊く。

回鍋肉、炒めて作ってる
場合じゃなくね？

RECIPE 34

酢鶏

材料 ♥

鶏もも肉 ······ 1枚
片栗粉 ······ 適量
にんじん ······ 1/2本
玉ねぎ ······ 1/2個
ピーマン ······ 2個
トマトケチャップ ······ 大さじ3
酢 ······ 大さじ2
水 ······ 大さじ2
砂糖 ······ 大さじ1
しょうゆ ······ 大さじ1
みりん ······ 大さじ1

作り方

1 鶏肉は一口大に切り、片栗粉をまぶす。にんじんは1cm厚さの輪切りにしてハート形にする。玉ねぎは2cm角、ピーマンは乱切りにする。

2 炊飯器にピーマン以外のすべての材料を入れて、炊飯ボタンぽち。

3 炊飯時間が残り5分になったらふたを開けてピーマンを加え、残りの時間も炊く。

豚肉で作ったら
酢豚になる
（当たり前）

ローストビーフ

材料 ♥

牛もも肉（ブロック）…… 450g

Ａ | 塩 …… 小さじ2
　 | こしょう …… 適量
　 | にんにくチューブ …… 2cm

Ｂ | しょうゆ …… 大さじ1と1/2
　 | 酢 …… 大さじ1
　 | 酒 …… 小さじ4
　 | みりん …… 小さじ4
　 | 中濃ソース …… 小さじ2
　 | はちみつ …… 少々
　 | 塩・こしょう …… 各少々

作り方 ♥

1　牛肉は室温に戻し、フォークで全体をさして、Ａをまぶす。サラダ油適量（分量外）を熱したフライパンで表面に焼き色をつけ、ジッパー式の密閉保存袋に入れる。

2　炊飯器に1と1の袋が浸かるくらいの90℃の湯（分量外）を入れて、保温ボタンぽち。

3　40分たったら保温を止めて粗熱を取り、薄切りにする。

4　耐熱容器に入れて電子レンジ（600W）で1分加熱したＢを添える。

大勢で集まるときに出したら
盛り上がるよ！
（まあギャルにはそんな陽キャな
集まりないんですけどね）

POINT
できるだけうすーく切るのがおいしさのポイント。

スコップコロッケ

材料 ❤

豚ひき肉 …… 150g

じゃがいも …… 3個

玉ねぎ …… 1/2個

にんじん …… 1/2本

水 …… 50ml

バター …… 30g

塩・こしょう …… 各適量

パン粉 …… 20g

作り方 ❤

1　じゃがいもと玉ねぎは8等分くらいに切る。にんじんは乱切りにする。

2　炊飯器にパン粉以外のすべての材料を入れて、炊飯ボタンぽち。

3　炊けたら野菜をつぶしながら混ぜ、器に盛る。

4　パン粉をフライパンできつね色になるまで乾煎りして3にかける。お好みできざんだパセリをかける。

先にみなさまに謝罪しなければ
いけないことがあります。
それは……このレシピのみフライパン登場デス！
みなさまに謝ってまで伝えたいレシピなんです。
ガチで鬼うまです♡
しかも揚げないからカロリーオフ！

RECIPE 37

ドデカシュウマイ

材料 ❤

A
豚ひき肉 …… 500g
オイスターソース …… 大さじ2
酒 …… 大さじ2
砂糖 …… 大さじ1
鶏ガラスープの素 …… 小さじ1
しょうがチューブ　2cm
塩・こしょう …… 各適量

シュウマイの皮 …… 10枚
グリーンピース缶 …… 適量（水気を切る）
水 …… 50ml

ロウソクをさしたら
お誕生日や何かの
お祝いにも使えるよ

作り方 ❤

1 ボウルに **A** を入れてこねる。

2 炊飯器の底にシュウマイの皮を敷き詰め、その上に**1**を広げる。グリーンピースをのせ、水をふちに沿って回し入れ、炊飯ボタンぽち。

3 炊けたら取り出して器に盛り、お好みでからしじょうゆを添える。

RECIPE 38

ピーマンの肉詰め

材料 ❤

ピーマン …… 1個

A
合いびき肉 …… 500g
冷凍のきざみ玉ねぎ …… 100g
マヨネーズ …… 大さじ2
酒 …… 大さじ2
塩・こしょう …… 適量

片栗粉 …… 大さじ1

B
ウスターソース …… 大さじ2
トマトケチャップ …… 大さじ1
にんにくチューブ …… 2cm

時代は令和、
ピーマンに肉を詰めないで
ひき肉にピーマンを押し込もう

作り方 ❤

1 ピーマンは縦半分に切り、種とわたを取る。

2 炊飯器に **A** を入れてこねたら平らにならし、片栗粉を表面にふる。

3 ピーマンをぎゅっと肉に押し付けるようにして入れ、炊飯ボタンぽち。

4 炊けたら取り出し、器に盛る。

5 炊飯器に残った肉汁に **B** を加えて混ぜ、**4**にかける。

ふっくらハンバーグ

炊飯器で作るから、
焦げつかずにしっかり
中まで火が通る♪

材料 ♥

Ⓐ 合いびき肉 …… 500g
冷凍のきざみ玉ねぎ …… 70g
パン粉 …… 10g
牛乳 …… 小さじ2
塩 …… 小さじ1/2
こしょう …… 少々
ナツメグ …… 少々
デミグラスソース缶 …… 150g
スライスチーズ（とろけるタイプ）…… 3枚

作り方 ♥

1 炊飯器にⒶを入れてこね、炊飯器の中で3等分にして丸める。

2 デミグラスソースを加えて、炊飯ボタンぽち。

3 炊けたら器に盛り、スライスチーズをのせる。お好みでゆでたブロッコリー、じゃがいも、にんじんを添える。

RECIPE 40

もっちり蒸しぎょうざ

材料 ♥

A
豚ひき肉 …… 80g
キャベツ …… 80g
酒 …… 小さじ1/2
鶏ガラスープの素 …… 小さじ1/2
ごま油 …… 小さじ1/2
塩 …… 小さじ1/4
こしょう …… 少々

ぎょうざの皮 …… 8枚
水 …… 80ml
酢じょうゆ …… 適量
ラー油 …… 適量

ぎょうざって包むの
ワクワクするんだよね。
ひとつひとつ形が違って
「この子かわいいな」って
愛着が沸いてきます

作り方 ♥

1 キャベツはみじん切りにする。

2 ボウルにAを入れて混ぜ、8等分にしてぎょうざの皮で包む。

3 炊飯器に2を並べ入れ、水を入れて炊飯ボタンぽち。

4 炊けたら器に盛る。お好みでパクチーをのせ、ラー油を加えた酢じょうゆを添える。

RECIPE 41

麻婆豆腐

材料 ♥

木綿豆腐 …… 1丁
豚ひき肉 …… 80g
砂糖 …… 大さじ1
みそ …… 大さじ1
みりん …… 大さじ1

片栗粉 …… 小さじ2
豆板醤(トウバンジャン) …… 小さじ1
オイスターソース …… 小さじ1
しょうゆ …… 小さじ1
花椒(ホアジャオ)(パウダー) …… 少々

POINT
豆腐がデカいのが苦手な人は一口大に切ってから炊飯してもOK。

作り方 ♥

1 炊飯器に豆腐以外のすべての材料を入れて混ぜたら、豆腐を丸ごと加え、炊飯ボタンぽち。

2 炊けたら器に盛り、お好みで小口切りにした青ねぎをのせる。

包丁すら使わない
次世代麻婆豆腐

ファミリーエビチリ

材料 ♥

むきえび …… 200g
片栗粉 …… 大さじ1と1/2
冷凍のきざみ玉ねぎ …… 50g
トマトケチャップ …… 大さじ2
水 …… 大さじ2
酒 …… 大さじ1
サラダ油 …… 大さじ1

豆板醤（トウバンジャン） …… 小さじ2
しょうゆ …… 小さじ2
鶏ガラスープの素 …… 小さじ1
にんにくチューブ …… 2cm
しょうがチューブ …… 2cm
塩 …… 少々

豆板醤を抜けば
子どもも食べられる
ファミリーエビチリ

作り方 ♥

1 むきえびは片栗粉をまぶす。

2 炊飯器にすべての材料を入れて、炊飯ボタンぽち。

3 器に盛り、お好みで三つ葉を添える。

沖縄を愛すピーポーが贈るゴーヤーチャンプル

材料 ♥

豚バラ肉（薄切り）…… 100g
ゴーヤー …… 1/2本
木綿豆腐 …… 1/2丁

卵 …… 1個
和風だしの素 …… 小さじ1/2
サラダ油 …… 大さじ1
しょうゆ …… 小さじ1
塩・こしょう …… 各適量

最近はゴーヤーって
一年中売ってる
らしいから、
今日作れるね

作り方 ♥

1 豚肉は一口大に切る。ゴーヤーは種とわたを取り、5mm幅の半月切りにする。豆腐は2cm角に切る。卵は和風だしの素を加えて溶きほぐす。

2 炊飯器の内釜にサラダ油をぬり、豚肉を入れ、塩・こしょう少々をふる。その上にゴーヤー、豆腐の順に入れ、塩・こしょう少々をふり、しょうゆを加える。溶きほぐした卵を回し入れて、炊飯ボタンぽち。

3 炊けたら全体を混ぜて器に盛る。

ひと晩寝かせたら
もっとおいしい！
なおよし

RECIPE 44

豚バラチャーシュー

材料 ❤

豚バラ肉（ブロック）…… 500g
卵 …… 2個
Ⓐ | 砂糖 …… 大さじ3
　 | しょうゆ …… 大さじ3
　 | 酒 …… 大さじ3
　 | オイスターソース …… 大さじ1
　 | マヨネーズ …… 大さじ1
　 | にんにくチューブ …… 2cm

ラーメンにのせても、丼にしても、
そのまま食べても幸せです。
アルミホイルで
落としぶたはマストです
（料理研究家っぽくね？この発言）

作り方 ❤

1 卵はそれぞれアルミホイルで包む。

2 炊飯器に豚肉、Ⓐ、1を入れ、アルミホイルで落としぶたをして炊飯ボタンぽち。

3 炊けたら味がしみるまでひと晩保温する。

4 豚肉は食べやすい大きさに切り、卵はアルミホイルと殻を取って半分に切り、盛りつける。お好みで小口切りにした青ねぎをかける。

RECIPE 45

参鶏湯（サムゲタン）

材料 🖤

鶏手羽元 …… 6本
長ねぎ …… 1本
トッポギ …… 100g
水 …… 500ml
酒 …… 30ml
鶏ガラスープの素 …… 小さじ1
塩 …… 小さじ1/2
にんにくチューブ …… 4cm
しょうがチューブ …… 4cm

参鶏湯って普通に作ったら
3～4時間かかるらしいけど、
炊飯器なら40分！

作り方 🖤

1 長ねぎは斜め薄切りにする。

2 炊飯器にすべての材料を入れて、炊飯ボタンぽち。

RECIPE 46

ウマスギダイエットキャベツ

材料 🖤

キャベツ …… 1個
コンソメスープの素 …… 小さじ2
水 …… 100ml

生ハム …… 適量
粉チーズ …… 適量
黒こしょう …… 適量

POINT
キャベツが大きい場合は、炊飯器に入るサイズになるまで葉を取って調理してください。

作り方 🖤

1 キャベツは芯の部分をくり抜く。

2 炊飯器に芯をくり抜いた部分を上にしてキャベツを入れ、穴の中にコンソメを入れる。水を加えて、炊飯ボタンぽち。

3 炊けたら器に盛り、生ハムをのせて、粉チーズと黒こしょうをかける。

食物繊維は人類の味方★
お通じ悩んでる人まじこれやってみて！
そこのキミ、生ハムがうまいからって
ソレばっかり食べてないよね？
あくまでもメインはキャベツくんです

RECIPE 47

無水バターチキンカレー

材料 ♥

鶏もも肉 …… 1枚
トマト …… 2個
玉ねぎ …… 1/2個
カレールウ …… 2かけ
バター …… 30g
砂糖 …… 大さじ2
塩 …… 少々
温かいご飯 …… 適量

作り方 ♥

1 鶏肉は一口大に切る。

2 炊飯器にご飯以外のすべての材料を入れて、炊飯ボタンぽち。

3 炊けたらトマトと玉ねぎをつぶしながら混ぜ、お好みで生クリームをかける。ご飯を添え、お好みできざんだパセリをご飯にかける。

> 今日のご飯に迷ったら、とりあえずこれにしておけば間違いないっしょ

RECIPE 48

ミネストローネ

材料 ♥

ベーコン（厚切り）…… 50g
なす …… 1本
じゃがいも …… 1個
玉ねぎ …… 1/2個
セロリ …… 1/4本
ミックスビーンズ …… 60g（水気を切る）
カットトマト缶 …… 1/2缶
水 …… 400ml
コンソメスープの素 …… 小さじ2
塩 …… 少々
にんにくチューブ …… 1cm

作り方 ♥

1 ベーコン、なす、じゃがいも、玉ねぎ、セロリは1cm角に切る。

2 炊飯器にすべての材料を入れて、炊飯ボタンぽち。

3 器に盛り、お好みできざんだパセリと黒こしょうをかける。

> お鍋でことこと
> じっくり弱火で煮込む……
> やっぱだるいんで炊飯器でほっときます

RECIPE 49

なすの無水キーマカレー

材料 🖤

合いびき肉 …… 200g
なす …… 2〜3本（200g）
トマト …… 1個
カレールウ …… 2かけ

トマトケチャップ …… 大さじ1
バター …… 10g
にんにくチューブ …… 2cm
温かいご飯 …… 適量

POINT
トマトは切らずに丸ごと入れてOK！

作り方 🖤

1 なすは1cm角に切る。

2 炊飯器にご飯以外のすべての材料を入れて、炊飯ボタンぽち。

3 炊けたらトマトをつぶしながら混ぜ、器に盛ったご飯にかける。お好みできざんだパセリをかける。

昔、なすを食べると肌が黒くなると思い込んでいましたが、そんなのウソでした

RECIPE 50

ガリバタしょうゆチャーハン

材料 🖤

Ⓐ
米（無洗米）…… 2合
にんにく …… ホール1個
長ねぎの青い部分 …… 10cm
サラダ油 …… 大さじ2
水 …… 340ml

バター …… 20g
しょうゆ …… 大さじ2
卵 …… 1個
塩・こしょう …… 各少々

POINT
にんにくは、皮ごと炊飯器に入れて、火が通ったあとに皮をむくと楽ちん！

作り方 🖤

1 長ねぎの青い部分はみじん切りにする。

2 炊飯器にⒶを入れて、炊飯ボタンぽち。

3 炊けたらにんにくの皮を取り、バター、しょうゆを加える。溶きほぐした卵をふちに沿って回し入れ、保温する。

4 卵が固まったら全体を混ぜ、塩・こしょうで味をととのえる。

にんにくたっぷりだから、明日のデートの予定を要確認

RECIPE 51

ビーフストロガノフ

材料 🖤

牛バラ肉（薄切り）…… 150g
玉ねぎ …… 1/2個
冷凍のマッシュルーム（スライス）…… 70g
デミグラスソース缶 …… 200g
水 …… 200ml
赤ワイン …… 大さじ2
バター …… 30g
塩 …… 小さじ1
にんにくチューブ …… 2cm
こしょう …… 適量
サワークリーム …… 30g
温かいご飯 …… 適量

作り方 🖤

1 玉ねぎは薄切りにする。

2 炊飯器にサワークリームとご飯以外のすべての材料を入れて、炊飯ボタンぽち。

3 炊けたらサワークリームを加えて混ぜ、器に盛ったご飯にかける。お好みできざんだパセリをかける。

> 名前だけで難しそうだと
> 思いがちな料理ランキング
> 1位 ビリヤニ（ザリガニ？？）
> 2位 ビーフストロガノフ（←ココ）
> 3位 キッシュ（ティッシュ？）
> これ全部この本で作れます

RECIPE 52

シチュー

材料 🖤

鶏もも肉 …… 1枚
じゃがいも …… 2個
玉ねぎ …… 1個
ブロッコリー …… 1/2株
にんじん …… 1/2本

プロセスチーズ …… 2個
シチュールウ …… 3かけ
牛乳 …… 200ml
水 …… 500ml

作り方 🖤

1 鶏肉とじゃがいもは一口大に切る。玉ねぎはくし形切りにして、ブロッコリーは小房に分ける。にんじんは1cm厚さの輪切りにしてハート形にする。

2 炊飯器にすべての材料を入れて、炊飯ボタンぽち。

3 炊けたら混ぜて器に盛り、お好みでバゲットを添え、きざんだパセリをかける。

> 隠し味のチーズで
> コクアップ

RECIPE
53

無水キーマカレー

材料🖤

合いびき肉 …… 150g
玉ねぎ …… 1/2個
トマト …… 1個
カレールウ …… 大箱のもの1/2箱分
温かいご飯 …… 適量

作り方🖤

1 玉ねぎは縦半分に切る。

2 炊飯器にご飯以外のすべての材料を入れて、炊飯ボタンぽち。

3 野菜をつぶしながら混ぜ、器に盛ったご飯にかける。お好みできざんだパセリをかけ、卵黄をのせる。

インスタで
37万人いいねのレシピ、
みんな食べたいっしょ

RECIPE
54

野菜たっぷり脂肪燃焼スープ

材料🖤

キャベツ …… 1/8個
玉ねぎ …… 1/2個
にんじん …… 1/2本
セロリ …… 1本
なす …… 1本
ブロッコリー …… 1/4株
しめじ …… 1パック
エリンギ …… 1本
カットトマト缶 …… 1缶
水 …… 250～300ml
コンソメスープの素 …… 小さじ2
塩 …… 少々

POINT

エリンギを噛み切る自信がない場合は、食べやすい大きさに切って入れてください。

作り方🖤

1 野菜はすべて食べやすい大きさに切る。しめじは石づきを落として小房に分ける。

2 炊飯器にすべての材料を入れて、炊飯ボタンぽち。

3 炊けたら器に盛り、お好みで黒こしょうをふる。

ギャルは7日間食べ続けて、
まじで体が軽くなりました

RECIPE
55

アクアパッツァ

材料 ♥

白身魚の切り身（今回は鯛）…… 2切れ
殻付きのあさり（砂抜き済みのもの）…… 200g
ミニトマト …… 6個
しめじ …… 1/2パック
水 …… 100ml
ローリエ …… 1枚
白ワイン …… 大さじ3

オリーブオイル …… 大さじ1
コンソメスープの素 …… 小さじ2
にんにくチューブ …… 2cm
塩・こしょう …… 各少々

作り方 ♥

1 しめじは石づきを落として小房
　に分ける。

2 炊飯器にすべての材料を入れ
　て、炊飯ボタンぽち。

3 炊けたらローリエを取って器に
　盛り、お好みでバジルの葉を
　添える。

白身魚なら
なんでもOK！

RECIPE
56

トムヤムクン

材料 ♥

有頭えび …… 2尾
玉ねぎ …… 1/2個
ココナッツミルク …… 200ml
水 …… 200ml
コチュジャン …… 大さじ2
ナンプラー …… 大さじ1
鶏ガラスープの素 …… 小さじ2
しょうがチューブ …… 2cm

作り方 ♥

1 えびは背わたを取り、頭の先
　を切る。玉ねぎは1cm幅に
　切る。

2 炊飯器にすべての材料を入れ
　て、炊飯ボタンぽち。

3 炊けたら器に盛り、お好みで
　パクチーとカットしたレモンを
　のせる。

タイって物価も安いし
海もきれいで最高だよなー。
でも毎日忙しい？　お金に余裕ない？
とりあえずこれ作って食べて
バカンス気分味わって

RECIPE 57

ねぎ塩レモン鍋

材料 🖤

豚バラ肉（薄切り）…… 200g
白菜 …… 4枚
長ねぎ …… 1本
レモン …… 1個
レモン汁 …… 大さじ1/2
鶏ガラスープの素 …… 小さじ1

作り方 🖤

1 豚肉は一口大に切る。白菜は一口大のそぎ切り、長ねぎは1cm幅の斜め切り、レモンは皮ごと薄い輪切りにする。

2 炊飯器にレモン以外のすべての材料を入れたら、その上にレモンを並べ入れ、炊飯ボタンぽち。

まじこのレモンの量は
見ただけで元気になれる。
食欲ないときでもいける
最強鍋！

RECIPE 58

豚バラ白菜ミルフィーユ鍋

材料 🖤

豚バラ肉（薄切り）…… 250g
白菜 …… 4枚
コンソメスープの素 …… 小さじ2

作り方 🖤

1 白菜と豚肉を交互に重ねたら、5cm幅に切る。

2 断面を上にして炊飯器に入れてコンソメを加え、炊飯ボタンぽち。

3 炊けたら器に盛り、お好みで黒こしょうをふる。

POINT
白菜から水分が出るので、
水は入れなくて大丈夫！

豚肉と白菜を交互に重ねるの
意外と楽しいし、
達成感あって好きな作業

RECIPE 59

おでんの大家族

材料 🖤

大根 …… 3cm
ちくわぶ …… 6cm
ちくわ …… 2本
もち巾着 …… 2個
がんもどき …… 2個

牛すじ（串に刺さったもの）…… 2本
だし昆布 …… 5cm
糸こんにゃく …… 2個
はんぺん …… 1枚
ソーセージ …… 2本

ゆで卵 …… 2個
水 …… 300ml
しょうゆ …… 大さじ2
酒 …… 大さじ2
みりん …… 大さじ2

作り方 🖤

1 ちくわぶとはんぺんは斜め半分に切る。

2 炊飯器にすべての材料を入れて、炊飯ボタンぽち。

> おでんて、なんだか家族みたいで好き。
> 昔からいるしみしみ大根じいちゃんに、
> 大きくスタイリッシュになったソーセージくん。
> 生まれたての卵ちゃん、
> みんな仲良く一緒に炊飯ぽち！

RECIPE 60

牛すじ煮込み

材料 🖤

牛すじ肉 …… 300g
大根 …… 1/4本
長ねぎの青い部分 …… 1本分
こんにゃく …… 1/2枚
しょうゆ …… 100ml
みりん …… 100ml

水 …… 100ml
酒 …… 大さじ4
砂糖 …… 大さじ3
和風だしの素 …… 小さじ1/2
にんにくチューブ …… 2cm

> **POINT**
> 牛すじの下ゆでが面倒な場合は、下ゆで済みの牛すじ肉を買ってきて使ってもOK！

作り方 🖤

1 牛すじは下ゆでして、食べやすい大きさに切る。大根は3cm厚さのいちょう切りにする。こんにゃくは食べやすい大きさにスプーンで切る。

2 炊飯器にすべての材料を入れて、炊飯ボタンぽち。

3 炊けたら長ねぎを取り除いて器に盛り、お好みで小口切りにした青ねぎをかける。

> 味のしみこみバランス的に
> 大根は豪快に
> 厚めがポイント！

RECIPE
61

カマンベールトマト鍋

材料🖤

豚バラ肉（薄切り）…… 150g
キャベツ …… 1/4個
カマンベールチーズ …… ホール1個
カットトマト缶 …… 1缶
コンソメスープの素 …… 小さじ2

作り方🖤

1 炊飯器にすべての材料を入れて、炊飯ボタンぽち。

2 炊けたらざっくり混ぜて器に盛る。お好みで温かいご飯を添える。

> ここまで61個のレシピを見てきて気がつきましたか？
> そう、トマト缶ってまじ使える。
> 腐りにくいし（ドヤッ）。
> まとめ買いしておきましょう

> カマンベールを大量に食べることの罪悪感を野菜が消してくれる的な？
> （説明草）

RECIPE
62

無水ポトフ

材料🖤

鶏もも肉 …… 1枚
キャベツ …… 1/4個
トマト …… 1個
コンソメスープの素 …… 小さじ2
塩・こしょう …… 各適量

作り方🖤

1 鶏肉は大きめの一口大に切る。

2 炊飯器にすべての材料を入れて、炊飯ボタンぽち。

3 炊けたら野菜を食べやすい大きさにほぐしながら全体を混ぜ、お好みで黒こしょうときざんだパセリをふる。

> 野菜の水分だけで
> 水1滴も使ってないんだよ。
> すごくない？

POINT
鶏もも肉は大きめのソーセージや豚バラブロックで作ってもあり。

RECIPE 63

ハヤシライス

材料 🖤

牛ひき肉 …… 150g
トマト …… 2個
玉ねぎ …… 1/2個
生マッシュルーム …… 3個
ハヤシルウ …… 3かけ
インスタントコーヒー …… 小さじ1
温かいご飯 …… 適量

作り方 🖤

1 玉ねぎは縦半分に切る。 マッシュルームは薄切りにする。

2 炊飯器にご飯以外のすべての材料を入れて、 炊飯ボタンぽち。

3 野菜をつぶしながら混ぜ、 器に盛ったご飯にかける。

インスタントコーヒーを入れることでプロの味に！

RECIPE 64

チキントマト煮込み

材料 🖤

鶏もも肉 …… 2枚
キャベツ …… 1/8個
にんじん …… 1/2本
玉ねぎ …… 1/4個
カットトマト缶 …… 1缶
トマトケチャップ …… 大さじ2

しょうゆ …… 大さじ2
砂糖 …… 大さじ1
コンソメスープの素 …… 小さじ4
塩 …… 小さじ1/2
こしょう …… 適量

作り方 🖤

1 鶏肉は食べやすい大きさに切る。 キャベツは大きめのざく切り、 にんじんは乱切り（ハート形にしてもよい） にして、 玉ねぎは1cm幅に切る。

2 炊飯器にすべての材料を入れて、 炊飯ボタンぽち。

3 炊けたら器に盛り、 お好みで粉チーズときざんだパセリをかける。

たった1回炊飯なのにひと晩煮込んだような味わい

ビリヤニってカレー好きの間で流行ってるインド料理。炊飯器で作れるってすごくね？

材料 ♥

RECIPE
65

ビリヤニ

Ⓐ
鶏もも肉 …… 1枚
プレーンヨーグルト（無糖）…… 大さじ2
ターメリック …… 小さじ1/2
チリパウダー …… 小さじ1/2
塩 …… 小さじ1/2
にんにくチューブ …… 2cm
しょうがチューブ …… 2cm

Ⓑ
ジャスミンライス …… 2合（300g）
水 …… 300ml
ローリエ …… 1枚
オリーブオイル …… 大さじ1
シナモンスティック …… 1本
クミンパウダー …… 小さじ1/2
ガラムマサラ …… 小さじ1/2
塩 …… 小さじ1/4

作り方 ♥

1 鶏肉は一口大に切る。

2 ポリ袋にⒶを入れてもみ込み、30分ほどおく。

3 炊飯器に 2 とⒷを入れて、炊飯ボタンぽち。

4 炊けたら器に盛り、お好みでカットしたレモンを添える。

パエリア

材料 🖤

米（無洗米）…… 2合

水 …… 適量

冷凍シーフードミックス …… 70g

殻付きのあさり
（砂抜き済みのもの）…… 100g

ブラックタイガー …… 3尾

玉ねぎ …… 1/4個

パプリカ（赤・黄）…… 各1/4個

A | コンソメスープの素 …… 小さじ4
  | 塩 …… 小さじ1/2
  | サフラン …… ひとつまみ
  | こしょう …… 適量

作り方 🖤

1 ブラックタイガーは背わたを取り、
  胴の部分は殻を取る。 玉ねぎは
  2cm角に、 パプリカは縦1cm幅
  に切る。

2 炊飯器に米を入れ、 水を「すし
  めし」の2合のラインまで入れる。
  シーフードミックス、 A を入れた
  ら、 その上に玉ねぎ、 パプリカ、
  あさり、 ブラックタイガーをのせ
  て、 炊飯ボタンぽち。

3 炊けたら器に盛り、 お好みでカッ
  トしたレモンを添える。

この本史上一番の
映え飯！

下北沢風スープカレー

材料 🖤

鶏手羽元 …… 4本
玉ねぎ …… 1/2個
じゃがいも …… 2個
にんじん …… 1本
なす …… 1本
ししとう …… 4本
ミニトマト …… 6個
カットトマト缶 …… 1/2缶
水 …… 300ml

カレー粉 …… 大さじ1
しょうゆ …… 大さじ1
酒 …… 大さじ1
コンソメスープの素 …… 小さじ2
ローリエ …… 1枚
にんにくチューブ …… 2cm
しょうがチューブ …… 2cm
塩・こしょう …… 各少々
温かいご飯 …… 適量

作り方 🖤

1 玉ねぎは半分に切る。 じゃがいもも半分に切る。 にんじんとなすは縦半分に切る。

2 炊飯器に温かいご飯以外のすべての材料を入れて、 炊飯ボタンぽち。

3 炊けたらローリエを取り除いて器に盛り、 お好みでバジルの葉をのせる。 温かいご飯を添える。

カレーの聖地下北沢に出店したかと思った

イカしたいかめし

どうせ米炊くなら
いかに詰めろ！
食べるときはつまようじに
気をつけてね

材料 ♥

いか …… 2杯
もち米 …… 1合
Ⓐ 水 …… 100ml
みりん …… 大さじ3
めんつゆ（2倍濃縮）…… 大さじ3
酒 …… 大さじ2
砂糖 …… 大さじ1
和風だしの素 …… 小さじ1
しょうゆ …… 小さじ1
しょうがチューブ …… 2cm

作り方 ♥

1 いかは足、わた、軟骨を取って水気を切る。足は3cm長さに切る。もち米は30分水に浸ける。

2 炊飯器にⒶを入れて混ぜ、もち米と足をいかの胴体に詰め、口はつまようじなどでとめる。炊飯器に入れ、アルミホイルで落としぶたをして、炊飯ボタンぽち。

3 炊けたら食べやすい大きさに切る。

これ、子どもの機嫌
よくなります（保証なし）。
もちろん大人の機嫌も
よくなります

（ギャル実証済み）

とうもろこしご飯

材料 🖤

米（無洗米）…… 2合
とうもろこし …… 1本

A | 水 …… 340ml
  | 酒 …… 大さじ2
  | しょうゆ …… 大さじ1
  | コンソメスープの素 …… 小さじ2
  | 塩 …… 小さじ1/2

バター …… 10g
しょうゆ …… 小さじ1

作り方 🖤

1 とうもろこしは長さを半分に切り、芯と実の間に包丁を入れ、実がバラバラにならないように芯から外す。

2 炊飯器に米、A、とうもろこしの実と芯を入れて炊飯ボタンぽち。

3 炊けたらバターとしょうゆを加え、とうもろこしの実を少しほぐしながら混ぜる。

RECIPE
70

タコライス

材料 ♥

A | 合いびき肉 …… 200g
　| 冷凍のきざみ玉ねぎ …… 50g
　| トマトケチャップ …… 大さじ3
　| ウスターソース …… 大さじ1
　| 酒 …… 大さじ1
　| カレー粉 …… 小さじ2
　| コンソメスープの素 …… 小さじ1
　| しょうゆ …… 小さじ1
　| みりん …… 小さじ1

温かいご飯 …… 適量
トッピング
　| レタス（細切り）…… 適量
　| トマト（さいの目切り）…… 適量
　| ピザ用チーズ（加熱なしで食べられるもの）…… 適量
　| ドンタコス チリトマト（砕く）…… 適量

作り方 ♥

1 炊飯器にAを入れて混ぜ、
炊飯ボタンぽち。

2 20分たったら炊くのをやめ
て、ふたを開けて混ぜる。

3 器に盛ったご飯にトッピン
グとともにのせる。

ドンタコスをおいしく
食べるための最良の料理
（ひき肉を食べるってより
ドンタコスがメインってウケる）

RECIPE
71

コンビーフバター飯

材料 ♥

米（無洗米）…… 2合
コンビーフ …… 1缶（80g）
冷凍のきざみ玉ねぎ …… 50g
コーン缶 …… 50g（水気を切る）
水 …… 340ml
しょうゆ …… 大さじ2
コンソメスープの素 …… 小さじ2
バター …… 20g

作り方 ♥

1 バター以外のすべての材料を炊飯器に入れて、炊飯ボタンぽち。

2 炊けたらバターを加えて混ぜる。器に盛り、お好みで黒こしょうをふる。

ギャル、コンビーフの魅力なら
100個語れます！
語りたいけどスペースないので
「まじでおいしいですこれ！」
だけでやめておきます

撮影時、
スタッフリアルにおかわり
（ギャルは家に持って帰ったし）

RECIPE 72

材料 ♥

むきえび …… 15尾
玉ねぎ …… 1/4個
にんじん …… 1/4本
Ⓐ 米（無洗米）…… 2合
　 水 …… 340ml

コンソメスープの素 …… 小さじ2
塩・こしょう …… 各少々
バター …… 20g

懐かしのえびピラフ

作り方 ♥

1 玉ねぎとにんじんはみじん切りにする。

2 炊飯器に1とⒶを入れて炊飯ボタンぽち。

3 炊飯時間が残り15分になったらふたを開けてえびを加え、残りの時間も炊く。

4 炊けたらバターを加えて混ぜる。器に盛り、お好みできざんだパセリをかける。

あの冷凍えびピラフの味ってたまに食べたくなりませんか？まさにこれです

RECIPE 73

材料 ♥

米（無洗米）…… 2合
焼き豚 …… 150g
冷凍のきざみ玉ねぎ …… 50g
グリーンピース缶
…… 1缶（50g・水気を切る）
水 …… 2合分

ごま油 …… 大さじ2
オイスターソース …… 大さじ1
酒 …… 大さじ1
鶏ガラスープの素 …… 小さじ2
塩・こしょう …… 各少々
卵 …… 1個

町中華風チャーハン

作り方 ♥

1 焼き豚は1.5cm角に切る。

2 炊飯器に卵以外のすべての材料を入れて、炊飯ボタンぽち。

3 炊飯時間が残り10分になったらふたを開けて溶きほぐした卵をふちに沿って回し入れ、残り時間も炊く。

4 炊けたら全体を混ぜ、器に盛る。

炒めてないのにパラパラが実現する神の領域

ガパオの具をかけるんじゃなくて、一緒に炊いちゃうレシピです

目玉焼きはマスト！
焼き方は固め？ 生め？
私はトロトロめが好き

RECIPE
74

ガパオライス

材料 ♥

ジャスミンライス …… 2合（300g）

鶏ひき肉 …… 200g

冷凍のきざみ玉ねぎ …… 50g

パプリカ（赤）…… 1/2個

水 …… 2合分

鶏ガラスープの素 …… 小さじ2

オイスターソース …… 小さじ2

ナンプラー …… 小さじ2

しょうゆ …… 小さじ2

砂糖 …… 小さじ1

にんにくチューブ …… 2cm

赤とうがらし（輪切り）…… 少々

作り方 ♥

1 パプリカは5mm角に切る。

2 炊飯器にすべての材料を入れて混ぜ、炊飯ボタンぽち。

3 炊けたら混ぜて器に盛り、お好みで目玉焼きやくし形切りにしたトマト、カットしたレモン、バジルの葉を添える。

RECIPE
75

カオマンガイ

材料 🖤

鶏もも肉 …… 1枚

塩 …… 少々

A｜ ジャスミンライス …… 1合（150g）

水 …… 1合分

鶏ガラスープの素 …… 小さじ1

しょうがチューブ …… 2cm

にんにくチューブ …… 2cm

B｜ しょうゆ …… 大さじ2

ごま油 …… 大さじ1

オイスターソース …… 小さじ1

砂糖 …… 小さじ1

水 …… 小さじ1

しょうがチューブ …… 2cm

作り方 🖤

1 鶏肉は全体にまんべんなくフォークで穴を開け、塩をまぶす。

2 炊飯器にAを入れて混ぜる。その上に1をのせ、炊飯ボタンぽち。

3 炊けたら鶏肉を食べやすい大きさに切り、器に盛る。混ぜ合わせたBをかける。お好みでパクチー、ミニトマト、薄切りにしたきゅうりを添える。

だるかったら白米でもいいよ！
ジャスミンライスのほうが
おいしいけどね♡

POINT

鶏肉は皮目を下にして入れる。

ベーコンポテトバターピラフ

材料 🖤

米（無洗米）…… 2合
ベーコン（厚切り）…… 100g
じゃがいも …… 1個
玉ねぎ …… 1/4個
水 …… 340ml
コンソメスープの素 …… 小さじ2
しょうゆ …… 小さじ1
バター …… 20g

作り方 🖤

1 ベーコン、じゃがいも、玉ねぎは1cm角に切る。

2 炊飯器にバター以外のすべての材料を入れ、炊飯ボタンぽち。

3 炊けたらバターを加えて混ぜる。器に盛り、お好みできざんだパセリをかける。

小学生のとき夏休みに
学校のプール行って、
家帰ってきて食べた
ピラフの味最高だったなぁ。
そんな懐かしい気分になれる
ピラフです

炊飯器といもの相性よすぎて、
むしろいもがメインか？
って思うぐらい

クリーム明太ドリア

材料 ❤

A | 米（無洗米）…… 1合
明太子 …… 1本
明太子クリームのパスタソース …… 1食分
水 …… 200ml
ピザ用チーズ …… 適量
トッピング用の明太子 …… 適量

福岡に住んでる友達も感動してたレシピです

作り方 ❤

1 炊飯器にAを入れて、炊飯ボタンぽち。

2 炊けたらよく混ぜて、耐熱の器に盛り、ピザ用チーズをかける。バーナーでチーズの表面をあぶり（あぶるときは皿の下にアルミホイルを敷くとよい）、トッピング用の明太子をのせる。お好みできざみのりをのせる。

チーズかけカレーピラフ

材料 ❤

米（無洗米）…… 1合
お好みのレトルトカレー …… 1食分（200g）
パプリカ（赤）…… 1/2個
水 …… 1合分
トッピング
| ピザ用チーズ …… 適量
| きざんだパセリ …… 適量

POINT
バーナーがない場合は、炊けたあとにチーズをのせてふたをすると、チーズがとろりと仕上がります。

これがレトルトカレーの最強の使い方

作り方 ❤

1 パプリカは1cm角に切る。

2 炊飯器に米と水を入れる。レトルトカレー、赤パプリカの順に加えて、炊飯ボタンぽち。

3 炊けたら耐熱の器に盛り、ピザ用チーズをかける。バーナーでチーズの表面をあぶり（あぶるときは皿の下にアルミホイルを敷くとよい）、きざんだパセリをかける。

カルボナーラライス

女の子の機嫌悪くなったら
基本「カルボナーラライス作る」で。
腹が満たされたら怒りも鎮まります

材料 ♥

米（無洗米）…… 1合
ベーコン（厚切り）…… 30g
カルボナーラのパスタソース …… 2食分
コンソメスープの素 …… 大さじ1
水 …… 1合分

作り方 ♥

1 ベーコンは2cm幅に切る。

2 炊飯器にすべての材料を入れて、炊飯ボタンぽち。

3 炊けたら混ぜて器に盛る。お好みで卵黄をのせ、
  粉チーズときざんだパセリをかける。

カップ麺チャーハン

RECIPE
80

材料 🖤

お好みの味のカップヌードル ……1個
米（無洗米）……1合
ベーコン（厚切り）……50g
水 ……350ml

POINT
出来上がりはカップ麺の
容器にご飯を詰めてお皿
に出すといい感じ。

作り方 🖤

1 ポリ袋にカップヌードルを入れて砕く。 ベーコンは食べ
  やすい大きさに切る。

2 炊飯器にすべての材料を入れて、 炊飯ボタンぽち。

3 炊けたら全体を混ぜ、 器に盛り、 お好みで小口切りに
  した青ねぎをのせる。

これ、どん兵衛でも
いけるのかな～？
しらんけど

RECIPE
81

韓国風キムチチャーハン

材料 ♥

米（無洗米）…… 2合
ランチョンミート …… 100g
冷凍のきざみ玉ねぎ …… 50g
白菜キムチ …… 100g
水 …… 2合分

ごま油 …… 大さじ2
オイスターソース …… 大さじ1
酒 …… 大さじ1
砂糖 …… 小さじ1/2
卵 …… 1個

作り方 ♥

1 ランチョンミートは1cm角に切る。

2 炊飯器に卵以外のすべての材料を入れて、炊飯ボタンぽち。

3 炊飯時間が残り10分になったらふたを開けて、溶きほぐした卵をふちに沿って回し入れ、残りの時間も炊く。

4 炊けたら全体を混ぜ、器に盛る。お好みで目玉焼きやちぎった韓国のり、小口切りにした青ねぎをのせる。

まさに本場韓国料理の
〆に出てくるやつ

POINT
仕上げに韓国海苔
をたっぷりかける
とおいしさUP。

がっつり濃い味で白飯がすすむ～！

材料 ♥

牛バラ肉（薄切り）…… 300g
にんじん …… 1/4本
玉ねぎ …… 1/4個
ニラ …… 1/2束
パプリカ（赤）…… 1/4個
しょうゆ …… 大さじ2

酒 …… 大さじ2
砂糖 …… 大さじ1
みりん …… 大さじ1
ごま油 …… 大さじ1
コチュジャン …… 大さじ1/2
にんにくチューブ …… 2cm
しょうがチューブ …… 2cm

RECIPE
82

プルコギ

作り方 ♥

1 にんじんは4cm長さの短冊切り、玉ねぎは1cm幅、ニラは4cm長さ、パプリカは細切りにする。

2 炊飯器にニラとパプリカ以外の材料をすべて入れて、炊飯ボタンぽち。

3 炊飯時間が残り10分になったらふたを開けてニラとパプリカを加え、残りの時間も炊く。

4 炊けたら器に盛り、お好みで温かいご飯を添える。

チーズをあぶるだけのために
ガスバーナーを買う価値あり

RECIPE
83

ごろごろポテトグラタン

材料 🖤

マカロニ（ゆで時間4分のもの）…… 100g

じゃがいも…… 4個

ベーコン（厚切り）…… 100g

牛乳 …… 500ml

薄力粉 …… 50g

バター …… 15g

コンソメスープの素 …… 小さじ2

塩・こしょう …… 各少々

ピザ用チーズ …… 適量

作り方 🖤

1 じゃがいもは皮付きのまま縦半分に切り、十字に4等分に切る。ベーコンは2cm幅に切る。

2 炊飯器にピザ用チーズ以外のすべての材料を入れて混ぜ、炊飯ボタンぽち。

3 20分たったら炊くのをやめて、耐熱の器に盛る。ピザ用チーズをのせてバーナーであぶる（あぶるときは皿の下にアルミホイルを敷くとよい）。お好みできざんだパセリをかける。

RECIPE 84

丸ごとカマンベール チーズリゾット

材料

米（無洗米）…… 1/2合
カマンベールチーズ …… ホール1個（90g）
ベーコン（薄切り）…… 30g
水 …… 300ml
生クリーム …… 200ml
バター …… 10g
コンソメスープの素 …… 小さじ2
塩・こしょう …… 各少々

作り方

1 ベーコンは1cm幅に切る。

2 炊飯器にすべての材料を入れて、炊飯ボタンぽち。

3 炊けたらよく混ぜて、器に盛る。お好みできざんだパセリをかける。

今日は本当に疲れたなーって
日はありませんか？
誰かとご飯行く気力もないし、
がんばって作る気も起こらん……。
そんなときにおすすめのご褒美飯！
みんないつもがんばってるよ！ えらいよ！
自分を大切にね！！

RECIPE 85

6Pチーズ 丸ごとリゾット

材料

米（無洗米）…… 1/2合
6Pチーズ …… 1箱
ベーコン（薄切り）…… 30g
水 …… 300ml
牛乳 …… 200ml
バター …… 10g
コンソメスープの素 …… 小さじ2

作り方

1 ベーコンは1cm幅に切る。

2 炊飯器にすべての材料を入れて、炊飯ボタンぽち。

3 炊けたらよく混ぜて器に盛り、お好みで黒こしょうをふる。

価格を抑えるならこっち！
カマンベール高いって
言われるので

あずきバー赤飯

RECIPE
86

材料 🖤

米（無洗米）…… 1合　　水 …… 200ml

あずきバー …… 1本　　ごま塩 …… 適量

作り方 🖤

1 炊飯器に米、あずきバー、水の順に入れて炊飯ボタンぽち。

2 炊けたらアイスの棒を取り除き全体を混ぜる。器に盛り、ごま塩をふる。

POINT

あずきバーは棒付きのまま入れて炊き、炊けたあとで取り除く。

これほんのり甘いんだけど、
甘い赤飯を食べる地域も
日本にはあるんだよ。
おいしいから試してみてほしい一品

丸ごとブロッコリーご飯

ブロッコリーを細かくつぶしたら、
野菜嫌いの子どもも
騙せるおいしさ

材料 🖤

米（無洗米）…… 2合
ブロッコリー …… 1株
ベーコン（厚切り）…… 70g
コーン缶 …… 50g（水気を切る）
水 …… 2合分
バター …… 20g
コンソメスープの素 …… 小さじ2

POINT

ブロッコリーの茎は切り、
一番上にのせて炊く。

作り方 🖤

1 ブロッコリーの茎は、炊飯器に入るくらいの長さまで切る。ベーコンは2〜3cm幅に切る。

2 炊飯器にブロッコリー以外のすべての材料を入れたら、その上にブロッコリーをのせ、炊飯ボタンぽち。

3 炊けたらブロッコリーを細かくほぐしながら混ぜ、器に盛る。

RECIPE 88

オムライス

材料 ❤

A | 米（無洗米）…… 1合
　| 鶏むね肉 …… 200g
　| 冷凍のきざみ玉ねぎ …… 30g
　| 水 …… 240ml

トマトケチャップ …… 大さじ1
コンソメスープの素 …… 小さじ2
塩・こしょう …… 各少々
卵 …… 2個
バター …… 10g

作り方 ❤

1　鶏肉は食べやすい大きさに切る。

2　炊飯器にAを入れて、炊飯ボタンぽち。

3　炊飯時間が残り10分になったらふたを開け、アルミホイルを全面にかぶせ、溶きほぐした卵を流し入れる。残りの時間も炊飯する。卵がお好みの固さになるまで、保温する。

4　アルミホイルと卵を取り出し、バターを加えて混ぜる。器にチキンライスを盛り、卵をのせ、お好みでケチャップをかける。

こんなオムライスの
作り方見たことある？
まじでラクの極み

RECIPE 89

玉ねぎ丸ごとスープ

材料 ❤

玉ねぎ …… 1個
にんじん …… 1本
ソーセージ …… 5本
水 …… 500ml
コンソメスープの素 …… 小さじ4

POINT
玉ねぎ全体が水に浸るように小さめの炊飯器で作るのがコツ。

作り方 ❤

1　玉ねぎは皮をむき、根と上部を切り落とす。にんじんは長さを2等分に切る。

2　炊飯器にすべての材料を入れ、炊飯ボタンぽち。

3　炊けたら、もう一度炊飯ボタンぽち。お好みでにんじんを食べやすい大きさに切り、黒こしょうをふる。

昔から生の玉ねぎって頭痛くなる
イメージがあって苦手なのよね
（誰か同士おらん？）。
でも炊飯器で煮込めば丸ごとでも愛せます

おめで鯛めし

材料 🖤

米（無洗米）…… 2合
水 …… 適量
鯛（切り身）…… 2切れ
A｜ だし昆布 …… 10cm
　｜ 酒 …… 大さじ1
　｜ みりん …… 大さじ1
　｜ しょうゆ …… 小さじ2
　｜ 塩 …… 小さじ1/4

作り方 🖤

1 炊飯器に米とAを入れ、水を2合のラインまで入れる。

2 その上に鯛をのせ、炊飯ボタンぽち。

3 炊けたら鯛の骨を取って混ぜ、器に盛り、お好みで三つ葉をのせる。

割烹ギャル開きます
（ようこそ）。
これ、麻布で店やれる

ほっこり豚汁

材料 🖤

豚バラ肉（薄切り）…… 80g
大根 …… 1/8本
じゃがいも …… 1個
にんじん …… 1/2本
ごぼう …… 1/2本

長ねぎ …… 1/2本
こんにゃく …… 1/4枚
水 …… 600ml
みそ …… 大さじ3
和風だしの素 …… 小さじ1
酒 …… 小さじ1

作り方 🖤

1 豚肉は食べやすい大きさに切る。大根は1cm厚さのいちょう切り、じゃがいもは一口大に切る。にんじんは1cm厚さの輪切りにして、ハート形にする。ごぼうと長ねぎは1cm幅の小口切りにする。こんにゃくは薄切りにする。

2 炊飯器にすべての材料を入れ、炊飯ボタンぽち。

あったかくて
ほっこり気分に
なれるって
ホント幸せ

RECIPE
92

親子丼

材料 ♥

鶏もも肉 …… 1枚

玉ねぎ …… 1/2個

A | 水 …… 100ml
  | しょうゆ …… 大さじ3
  | みりん …… 大さじ2
  | 砂糖 …… 大さじ1
  | 和風だしの素 …… 小さじ1/2
  | しょうがチューブ …… 2cm

卵 …… 3個

温かいご飯 …… 適量

作り方 ♥

1 鶏肉は小さめの一口大に切る。玉ねぎは1cm幅に切る。

2 炊飯器に玉ねぎ、鶏肉の順番で入れ、Aを加えたら、炊飯ボタンぽち。

3 鶏肉に火が通るまで20～30分炊いたら一度ふたを開け、溶きほぐした卵を加える。お好みの硬さになるまで3～5分炊く。

4 温かいご飯を盛った器にのせ、お好みで卵黄と三つ葉をのせる。

鶏肉と卵は親子丼、
じゃあ豚肉は誰と親子？
そんな考えても仕方ないことを
考えるのが好きです。
あ、豚の親は豚か……（は？）

RECIPE
93

トマト鮭炊き込みご飯

子どもの頃は青じその
必要性が全く分かりませんでした。
むしろ好きじゃなかった。
これ食べて「青じそ合うわ〜」と
思ったら大人の証です。
あなたはどうだった？

材料 🖤

米（無洗米）…… 2合
生鮭 …… 2切れ
トマト …… 1個
Ⓐ｜水 …… 2合分
　｜酒 …… 大さじ1
　｜しょうゆ …… 大さじ1
　｜塩・こしょう …… 各少々
バター …… 10g
青じそ …… 適量

POINT

鮭とトマトが重ならないように入れる。

作り方 🖤

1 炊飯器に米、Ⓐ、鮭、トマトの順番で入れて、炊飯ボタンぽち。

2 炊けたら鮭の皮と骨を取り、バターを加え、トマトをくずしながら混ぜる。器に盛り、せん切りにした青じそをのせる。

RECIPE 94

沖縄大好きジューシーご飯

材料 ♥

米（無洗米）…… 2合
豚バラ肉（ブロック）…… 200g
にんじん …… 1/4本
乾燥ひじき …… 5g
水 …… 2合分
しょうゆ …… 大さじ2

みりん …… 大さじ1
サラダ油 …… 大さじ1
砂糖 …… 小さじ2
酒 …… 小さじ2
和風だしの素 …… 小さじ1

作り方 ♥

1 豚肉は1cm幅の拍子木切り
 にする。にんじんはみじん切
 りにする。

2 炊飯器にすべての材料を入れ
 て、炊飯ボタンぽち。

2 炊けたら混ぜて器に盛り、お
 好みで小口切りにした青ねぎ
 をかける。

> 乾燥ひじきは水で戻さず、
> そのまま炊飯器に入れて
> 炊いて問題なし！

RECIPE 95

給食のわかめご飯

材料 ♥

米（無洗米）…… 2合
乾燥わかめ …… 大さじ1
水 …… 2合分
酒 …… 大さじ1
みりん …… 大さじ1
塩 …… 小さじ1

作り方 ♥

1 炊飯器にすべての材料を入れ
 て、炊飯ボタンぽち。

2 炊けたら混ぜて、器に盛る。

> ギャルの思い出の好きな給食ランキング
> 1位　フルーツサラダヨーグルト
> 2位　あげパン（まじ定番）
> 3位　ミル×ーク（コーヒー味）
> ⋮
> 6位　わかめご飯（←ココ）

> 大きいおかずに
> 小さいおかず……
> 今日の希望献立は
> わかめご飯です

RECIPE 96

ビビンバ

材料 🖤

米（無洗米）…… 1合
牛こま切れ肉 …… 150g
もやし …… 1/2袋
白菜キムチ …… 50g
お好みの市販のナムル …… 100g
水 …… 1合分
焼肉のたれ …… 大さじ1
コチュジャン …… 小さじ1/4
にんにくチューブ …… 2cm

作り方 🖤

1 炊飯器にすべての材料を入れて、炊飯ボタンぽち。

2 炊けたら全体を混ぜ、器に盛り、お好みで卵黄と小口切りにした青ねぎをのせる。

> インスタで韓国語で「作ってみたい」とコメントもらいました。本場に認められたってことで

総再生数
830万回以上の人気レシピ
（2024年3月時点）

RECIPE 97

牛丼

材料 🖤

牛こま切れ肉 …… 250g
玉ねぎ …… 1/2個
りんごジュース …… 200ml
しょうゆ …… 大さじ2
酒 …… 大さじ2
みりん …… 大さじ2
砂糖（あればきび砂糖）…… 大さじ1
和風だしの素 …… 小さじ1
温かいご飯 …… 適量
トッピング
　ピザ用チーズ …… 適量
　紅しょうが …… 適量

作り方 🖤

1 玉ねぎは縦半分に切る。

2 炊飯器にご飯とトッピング以外のすべての材料を入れて、炊飯ボタンぽち。

3 20分たったら炊くのをやめて、ふたを開けて混ぜる。器に盛った温かいご飯にのせ、ピザ用チーズをかけ、紅しょうがを添える。チーズはレンチンで溶かしたものをのせる。

> てか、牛丼嫌いな人なんていなくね？

RECIPE
98

明太チーズおにぎり

材料 🖤

米（無洗米）…… 2合
水 …… 2合分
しょうゆ …… 大さじ2
明太子 …… 50g
マヨネーズ …… 50g
スライスチーズ（とろけるタイプ）…… 4枚

作り方 🖤

1　炊飯器に米、水、しょうゆを入れて、炊飯ボタンぽち。

2　明太子とマヨネーズは混ぜ合わせておく。

3　炊けたら4等分にしておにぎりにする。スライスチーズをのせ、バーナーであぶる（あぶるときは皿の下にアルミホイルを敷くとよい）。

4　2をかけて、お好みで小口切りにした青ねぎときざみのりをのせる。

明太マヨって食進まない？
チーズと合わせれば最強、
のりかけたら最最強

ころころ生ハム マッシュポテト

材料 🖤

じゃがいも …… 4個
水 …… 160ml
バター …… 10g
生ハム …… 15 ～ 20枚
オリーブオイル …… 適量
黒こしょう …… 適量
粉チーズ …… 適量

作り方 🖤

1 じゃがいもは一口大に切る。

2 炊飯器にじゃがいもと水を入れて、炊飯ボタンぽち。

3 炊けたらバターを加えてじゃがいもをつぶし、一口大の大きさに丸め、生ハムを巻く。

4 器に盛り、オリーブオイル、黒こしょう、粉チーズをかける。

> ど田舎育ちのギャルによるパリピ酒ランキング
> 1位　1800（YouTubeでよく見る）
> 2位　クライナー（かわいいから許されている）
> 3位　コカボム（キャバ嬢のインスタストーリーでよく見る）

ピザ

材料 🖤

ピーマン …… 1/2個
ミニトマト …… 2個
一口サラミ …… 4本
コーン缶 …… 大さじ1（水気を切る）
ピザ用チーズ …… 20g

A｜ホットケーキミックス …… 150g
　｜水 …… 50ml
　｜オリーブオイル …… 小さじ1
　｜塩 …… 適量
ピザソース …… 大さじ2

作り方 🖤

1 ピーマンは輪切り、ミニトマトは半分に切る。

2 炊飯器にAを入れて混ぜ、平らに広げる。ピザソースをぬり、ピーマン、ミニトマト、サラミ、コーン、チーズをのせて、炊飯ボタンぽち。

3 炊けたらもう一度炊飯ボタンぽち。フォークなどをさして生地がついてこなければ取り出す。生地がつく場合は、もう一度炊飯ボタンぽちで火を通す。

子どもと作ってほしいおやつピザ

RECIPE 101

チュモッパ

材料 ♥

A | 米（無洗米）…… 1合
　| たくあん …… 30g
　| 青ねぎ …… 1本
　| 水 …… 240ml
　| 鶏ガラスープの素 …… 小さじ2

韓国のり …… 1パック（3g）
とびっこ …… 大さじ2
白いりごま …… 大さじ1
ごま油 …… 大さじ1
マヨネーズ …… 適量

作り方 ♥

1 たくあんは粗みじん切りにする。青ねぎは小口切りにする。

2 炊飯器にAを入れて、炊飯ボタンぽち。

3 炊けたら残りの材料をすべて加えて混ぜ、食べやすい大きさに丸める。

これ作れたら
韓国ツウ

RECIPE 102

東京卍たこリベンジャーズ

材料 ♥

赤いウインナー …… 10本
スパゲッティ（ゆで時間9～10分のもの）…… 50本
水 …… 150ml
黒ごま …… 20粒

作り方 ♥

1 ウインナーは下半分に8等分の切り込みを入れる。たこの頭にスパゲッティを5本ずつさし、黒ごまで目をつける。

2 炊飯器に1と水を入れて、炊飯ボタンぽち。

3 15分たったら炊くのをやめて保温にし、スパゲッティがまんべんなく水に浸かるように上下を返す。10分たったら取り出して器に盛る。

ご飯食べない子も
これなら食べるぞ
（しらんけど）

RECIPE 103

肉まん

材料 🖤

A | ホットケーキミックス …… 200g
　　| 片栗粉 …… 大さじ2
　　| 水 …… 60ml
　　| オリーブオイル …… 大さじ1
B | 豚ひき肉 …… 100g
　　| たけのこ水煮 …… 70g

しょうゆ …… 小さじ1
鶏ガラスープの素 …… 小さじ1/2
しょうがチューブ …… 2cm
水 …… 30ml

作り方 🖤

1 ボウルにAを入れて混ぜる。

2 たけのこは粗みじん切りにする。別のボウルにBを入れて混ぜる。

3 2を4等分にして平らに広げた1で包み、クッキングシートで仕切りながら炊飯器に並べ入れる。

4 水を加えて炊飯ボタンぽち。

もう中華街
行かなくてよくね？

RECIPE 104

じゃがバター

材料 🖤

じゃがいも …… 2個
水 …… 200ml
バター …… 20g
塩・こしょう …… 各適量

作り方 🖤

1 炊飯器に皮付きのままのじゃがいもと水を入れて、炊飯ボタンぽち。

2 炊けたら器に盛り、バターを10gずつのせ、塩・こしょうをふる。

この本の撮影中スタッフが
全員主婦層だったんだけど、
そのみなさんが口を揃えてこう言いました。
「炊飯器って米炊くよりいも炊くほうが得意説！」

ほうれん草とじゃがいものキッシュ

材料 🖤

ベーコン（薄切り）…… 80g
じゃがいも …… 1/2個
冷凍のほうれん草 …… 70g
卵 …… 3個

生クリーム …… 100ml
粉チーズ …… 大さじ3
コンソメスープの素 …… 小さじ1/2
塩・こしょう …… 各少々

作り方 🖤

1　ベーコンは3cm幅に切る。 じゃがいもは薄切りにして耐熱容器に入れ、 ラップをかけて電子レンジ（600W）で3分加熱する。

2　ボウルに卵、 生クリーム、 粉チーズ、 コンソメ、 塩・こしょうを入れて混ぜ合わせる。

3　炊飯器に**2**を1/4量入れ、 ほうれん草をのせる。 その上から**2**を1/4量入れ、 ベーコンをのせる。 その上から**2**を1/4量入れ、 じゃがいもをのせる。 残った**2**を入れたら、 炊飯ボタンぽち。

4　フォークなどをさして生地がついてこなければ取り出す。 生地がつく場合は、 もう一度炊飯ボタンぽちで火を通す。

朝食にこれ出したら
プロポーズされます

ライスペーパー料理の
流行りに乗るために
作りました

RECIPE
106

ライスペーパートッポギ

材料 🖤

ライスペーパー …… 6枚
スライスチーズ（とろけるタイプ）…… 6枚
キャベツ …… 1/8個
にんじん …… 1/3本
玉ねぎ …… 1/2個

Ⓐ
水 …… 200ml
砂糖 …… 大さじ1
酒 …… 大さじ1
コチュジャン …… 小さじ4
しょうゆ …… 小さじ2
ごま油 …… 小さじ2
にんにくチューブ …… 2cm

作り方 🖤

1 キャベツとにんじんは細切り、玉ねぎは薄切りにする。

2 炊飯器に1とⒶを入れて、炊飯ボタンぽち。

3 水（分量外）でぬらしたライスペーパーを広げ、その上にスライスチーズを
のせたらライスペーパーの両端を折りたたみ、手前からくるくると巻いてい
く。残りも同じように巻く。

4 炊飯時間が残り5分になったらふたを開け、3を重ならないようにして加え、
残りの時間も炊く。

5 炊けたら器に盛り、お好みで白いりごまをかける。

RECIPE
107

韓国屋台風トッポギ

材料 ♥

トッポギ …… 200g
玉ねぎ …… 1/2個
水 …… 50ml
砂糖 …… 大さじ2
しょうゆ …… 大さじ2

コチュジャン …… 大さじ1
酒 …… 大さじ1
ごま油 …… 小さじ1
にんにくチューブ …… 2cm
しょうがチューブ …… 2cm

作り方 ♥

1 玉ねぎは2cm幅に切る。

2 炊飯器にすべての材料を入れて、炊飯ボタンぽち。

3 炊けたら器に盛り、お好みで小口切りにした青ねぎと白いりごまをかける。

トッポギって普通に
スーパーで売ってるって
知ってた？

RECIPE
108

幸せかぼちゃバター

材料 ♥

かぼちゃ …… 1/4個
水 …… 100ml
バター …… 10g
砂糖 …… 小さじ2
塩 …… 少々
はちみつ …… 適量

幸せの感じ方って人それぞれだけど、
これを食べたときはほとんどの方が
きっと「幸せ」を感じると思います

作り方 ♥

1 かぼちゃは一口大に切る。

2 炊飯器にはちみつ以外のすべての材料を入れて、炊飯ボタンぽち。

3 炊けたら器に盛り、はちみつをかける。

RECIPE
109

焼きいも

材料 🖤

さつまいも …… 3本
水 …… 180ml
砂糖 …… 適量

作り方 🖤

1 炊飯器に皮付きのままのさつまいもと水を入れ、玄米モードで炊飯ボタンぽち。

2 炊けたら取り出し、半分に割る。割ったところに砂糖をふり、バーナーであぶってキャラメリゼする。

POINT
通常の炊飯モードではなく、玄米モードで炊くのが成功のコツです。

小さい頃、外に売りに来る
焼きいも屋さんの焼きいもが
食べたくて
しょうがなかった！

いもっていうかもう、
スイーツだよね

RECIPE
110

フレンチトースト

材料 ♥

[A] 卵 …… 2個
牛乳 …… 200ml
砂糖（あればきび砂糖）…… 大さじ2
食パン（6枚切り）…… 2枚
オリーブオイル …… 小さじ1

トッピング
はちみつ …… 適量
粉糖 …… 適量
バター …… 適量

作り方 ♥

1 バットなどに[A]を入れて混ぜ合わせ、食パンを両面浸す。

2 炊飯器の内釜にオリーブオイルをぬる。

3 食パンに[A]がしみ込んだら2に入れて、炊飯ボタンぽち。

4 器に盛り、トッピングをかける。

POINT
[A]はしっかり食パンにしみ込ませてから炊飯器に入れてね！

朝ご飯作る暇ありゃ
寝てたい派の私ですが、
これならパンを浸して
炊飯ボタンぽちするだけ。
こんな私でも余裕で作れます

スタバ風スコーン

材料 🖤

|A| ホットケーキミックス …… 200g
| 牛乳 …… 80ml
バター …… 50g
チョコレート（粒状のもの）…… 50g

作り方 🖤

1 バターは耐熱容器に入れ、ふんわりとラップをかけ、電子レンジ（600W）で50秒加熱して、溶かしバターにする。

2 炊飯器に|A|と1を入れて、よく混ぜる。

3 2にチョコレートを加えて混ぜ、炊飯器の中で丸く形をととのえ、炊飯ボタンぽち。

4 炊けて粗熱が取れたら食べやすい大きさに切る。

大学生の頃、
スタバの店員ってだけで
イケメンに見えてしまう
症候群でした

バターもち

材料 🖤

|A| 切りもち …… 3個
| 牛乳 …… 150ml
| 砂糖（あればきび砂糖）…… 大さじ3
|B| 卵黄 …… 1個分
| バター …… 15g
| 片栗粉 …… 大さじ1

作り方 🖤

1 炊飯器に|A|を入れて、炊飯ボタンぽち。

2 炊けたらよく混ぜる。|B|を加えてさらに混ぜる。

3 ラップの上に片栗粉適量（分量外）を広げ、その上に2を取り出す。平らにならしてそのままラップで包む。

4 1時間ほどおいて粗熱を取ったら食べやすい大きさに切る。

バターもちって秋田県の郷土料理らしい。
まじ悪魔のおいしさでたまらない。
バターもち向上委員会として
広めたいと思います（は？）

RECIPE 113

蜜たっぷり大学いも

材料 ❤

さつまいも …… 2本
砂糖（あればきび砂糖）…… 80g
水 …… 60ml
しょうゆ …… 大さじ1

作り方 ❤

1 さつまいもは食べやすい大きさ
  に切る。

2 炊飯器にすべての材料を入れ
  て、炊飯ボタンぽち。

3 炊けたら器に盛り、お好みで
  黒いりごまをかける。

今時代は
揚げない大学いも！

RECIPE 114

お汁粉

材料 ❤

あずき …… 300g
水 …… 900ml＋500ml
砂糖（あれば三温糖）…… 100g
塩 …… 少々
切りもち …… 5個

作り方 ❤

1 あずきは水でよく洗い、水気
  を切る。

2 炊飯器に1と水900mlを入れ
  て、炊飯ボタンぽち。炊けた
  ら一旦湯を捨てる。

3 炊飯器にあずきを戻し入れ、
  水500ml、砂糖、塩を加え
  て、再び炊飯ボタンぽち。

4 炊けたら器によそい、お好み
  の方法で焼いたもちを入れる。

こんなにもレトルトが発達している時代に、
お汁粉を一から作るとは思いませんでした。
お汁粉を作らなくても幸せになれるこの時代に、
私は炊飯器でお汁粉が作りたいのです

RECIPE
115

しっとりチーズケーキ

材料 🖤

クリームチーズ …… 200g
砂糖 …… 80g
卵黄 …… 3個分
牛乳 …… 120ml

薄力粉 …… 大さじ3
バター …… 10g
レモン汁 …… 小さじ1

作り方 🖤

1 炊飯器にクリームチーズを入れて、
保温ボタンぽち。

2 クリームチーズがやわらかくなったら、
なめらかになるまで混ぜる。

3 残りの材料を表記の上から順番に混
ぜながら加えて、炊飯ボタンぽち。

4 炊けたら取り出して器に盛り、お好
みでミントの葉をのせる。

手土産にしても喜ばれるよ。
どこに出しても
はずかしくない子です

RECIPE
116

台湾カステラ

材料 🖤

ホットケーキミックス …… 150g

卵 …… 4個

牛乳 …… 100ml

砂糖 …… 90g

作り方 🖤

1 炊飯器にすべての材料を入れて、全体がなめらかになるまでよく混ぜ合わせる。

2 炊飯ボタンぽち。炊けたらもう一度炊飯ボタンぽち。

3 食べやすい大きさに切って器に盛り、お好みでホイップクリームを添える。

POINT

2回目の炊飯が終わったらフォークをさしてみて、生地がくっついてくるようなら、追加でさらに20～30分炊いてください。フォークに生地がくっついてこなければ完成です！

卵がふんわり香る
素朴なおいしさ。
だから一生食べられる

RECIPE 117

ホワイトチョコテリーヌ

材料 🖤

板チョコ（ホワイト）…… 5枚
バター …… 70g
卵 …… 3個

作り方 🖤

1 炊飯器にホワイトチョコとバターを入れて、保温ボタンぽち。

2 チョコとバターが溶けてきたらよく混ぜ、溶きほぐした卵を少量ずつ加え混ぜる。炊飯ボタンぽち。

3 炊けたら内釜を取り出し、粗熱が取れたらそのまま冷蔵庫で冷やし固める。食べやすい大きさに切る。

「おいしさ」と
「かかる手間」が
まったく比例してないってなにごと？
発見したギャルすごくね？

RECIPE 118

ミロバナナブラウニー

材料 🖤

板チョコ（ミルク）…… 1枚
バター …… 50g
ミロ …… 120g
ホットケーキミックス …… 100g

卵 …… 1個
牛乳 …… 100ml
バナナ …… 2本

作り方 🖤

1 炊飯器に板チョコとバターを入れて、保温ボタンぽち。

2 チョコとバターが溶けてきたらよく混ぜ、ミロ、ホットケーキミックス、卵、牛乳の順に混ぜながら加える。

3 バナナは丸ごと **2** の生地の中に沈める。炊飯ボタンぽち。

4 炊けたら食べやすい大きさに切り、器に盛る。

これ、テレビで紹介
されたときに
あのイケ✕ン芸人も
絶賛してくれたレシピ！

家で作ったとは
思えない
高級感×おいしさ

RECIPE
119

チョコテリーヌ

材料 🖤

板チョコ（ミルク）…… 4枚
バター（食塩不使用）…… 100g
卵 …… 3個

作り方 🖤

1　炊飯器に板チョコとバターを入れて、 保温ボタンぽち。

2　チョコとバターが溶けてきたらよく混ぜ、 溶きほぐした卵を少量ずつ加えてさらに混ぜる。

3　全体が混ざったら、 炊飯ボタンぽち。

4　炊けたら内釜を取り出し、 粗熱が取れたら、 そのまま冷蔵庫で冷やし固める。 食べやすい大きさに切る。 お好みで粉糖をかける。